水引

基本の結びと
暮しの雑貨

MIZUHIKI DESIGN

内野敏子

AWAJI-MUSUBI
8 あわじ結び

HASHIOKI
9 あわじ結びの箸置き

UME-MUSUBI
10 梅結び

HASHIOKI
11 梅結びの箸置き

TAMA-MUSUBI
12 玉結び

WREATH
13 玉結びのリース

KAMENOKO-MUSUBI
14 亀の子結び

TSUBAKI
15 亀の子結びの椿

DAKI-AWAJI-MUSUBI
16 抱きあわじ結び

USAGI
17 亀の子結び + 抱きあわじ結び + 玉結びのうさぎ

Contents

SHUGIBUKURO 18-19 祝儀袋 I	**WAKAZARI, TOSOKIKAZARI** 30 輪飾り、屠蘇器飾り	**MUSUBIHASHIOKI** 40 結び箸置き
SHUGIBUKURO 20-21 祝儀袋 II	**NEBIKIMATSU** 31 根曳き松	**HASHIDUTSUMI** 41 箸包み
POCHIBUKURO 22-23 ぽち袋	**ETOKAZARI** 32-33 十二支飾り	**MAME BONSAI** 42-43 豆盆栽
GIFT IDEA 24 ボトル飾り	**GOSEKKU** 34-35 五節供（五節句）	**WILD FLOWER** 44 野の花
MESSAGE CARD 25 メッセージカード	**CHRISTMAS ORNAMENT** 36 クリスマスオーナメント	**PAPER WEIGHT** 45 ペーパーウェイト
MINI GIFT BOX 26 ギフトボックス	**CHRISTMAS WREATH** 37 クリスマスリース	**BRAIDING** 46-47 ブレイディング
MINI GIFT BAG 27 ギフトバッグ	**KAMIKAZARI** 38 髪飾り	**PUSH PIN** 48 プッシュピン
OMEDETADUKUSHI 28-29 おめでたづくし	**OBIDOME** 39 帯留め	

MATERIALS OF MIZUHIKI
6 水引の種類
49 用具と材料
50 編み方レッスン
HOW TO MAKE
52 作り方

水引とは
MIZUHIKI

水引は、和紙の紙縒りに水糊を引いて固めたことからこう呼ばれ、古くは遣隋使の時代に答礼品が紅白に染め分けられた麻で結ばれていたものが宮中で使われるようになり、後に現在の水引に変化していったという説が有力です。華やかな細工を施されるようになったのは明治〜昭和初期と言われています。日本髪や力士の髷を結う撚りの強い元結も水引と前後して作られています。

小さなころ、祝儀袋や折詰のお弁当に結ばれた水引が気になって外して遊び、大人になり初めてディスプレイの素材としての三尺の水引を見て感動し、その後本格的に結びを習う機会に恵まれ、あわじ結びから生まれる結びの妙にはまりました。

現在は「普段の暮しに水引を」をテーマに、子どものころ見た忘れられない自然の風景や色、大人になって影響を受けた絵画や建築物などを、頭の中で再構築し作品制作を行なっています。その際に心がけているのが色の絞り込みです。華やかな色づかいは目を楽しませてくれますが、例えば白一色で編んだものは、形にじっくりと目が行き、結びの美しさが際立ちます。また見る側の心で色を感じてもらえるのではと考えます。紅白の2色づかいも日本人の潜在意識の中にある源流として大切に思う色合せで、私の作品作りの基礎となっています。

この本で、一筋の美しい素材から生まれる世界をより多くのかたに知っていただき、少しでも水引の素材や結びに興味を持ち暮しに取り入れてくださるかたが増えたらうれしく思います。

水引の種類

MATERIALS OF MIZUHIKI

絹巻水引 KINUMAKI-MIZUHIKI
羽衣水引 HAGOROMO-MIZUHIKI
特光水引 TOKKO-MIZUHIKI
曙水引 AKEBONO-MIZUHIKI
色水引 IRO-MIZUHIKI

ひとくちに水引と言ってもいろいろな種類があり、素材の種類とその特性を知ることで、さらに美しい作品を生み出すことができます。本書では素材や色を絞り込んで使用していますが、代表的な水引とその特徴をご紹介します。

絹巻水引…人工の絹糸が巻かれマットで美しい。扱いやすく初心者向き。本書ではこの水引を多く使用しています。

羽衣水引…色水引の上にラメ糸の入ったフィルムが巻かれ、柔らかく扱いやすい。

特光水引…張りと光沢があるが、慣れないときれいな曲線を出すのが難しい。金銀水引も同じ素材。ほかに純金や純銀水引もあり。

曙水引…特光水引に糸が巻かれて硬さがあるので張りのある作品向き。

色水引…色つきの紙縒りを糊で固めたもの。紅白水引も同じ素材。元結にいちばん近く初心者には扱いづらいが潔く美しい。

その他、みやこ、プラチナ等名前もさまざま、華やかな水引が多種あります。水引の端を引っ張ってみると素材の特徴が見えるので試してみてください。色にひかれて多色づかいをしてしまうかたが多いと思いますが、目的に合った素材選び、むやみに色をつかいすぎないことも、とても大切だと考えます。

あわじ結び

AWAJI-MUSUBI

もとは貝の鮑（あわび）の形に似ていることから鮑結びと呼ばれたものが口伝で変化し、あわじ結び（淡路結び）とも言われるようになりました。水引で主に使う結びのほとんどがこのあわじ結びから始まります。

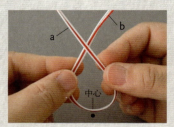

1 水引の中心を輪にして右を上にして重ねます（ここでは3本どりで説明）。

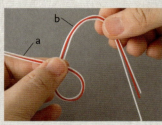

2 交差した部分を左手で持ち、bで輪を作ります（3本の水引がねじれないように注意します）。

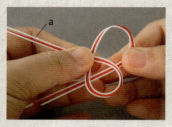

3 2の輪を1の輪の下に当てます。

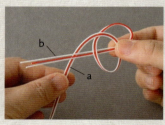

4 手を持ち替え、右の交差部分を右手で持ち、aをbの下に重ねます。

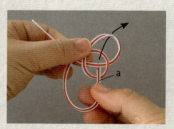

5 また左手に持ち替え、aの先端を矢印のように上下にくぐらせます（運針するように）。

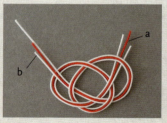

6 くぐらせたところ。結びは交互に重なり合って形がおさまるので、1か所でも間違えるとこの形になりません。ねじれていたらこの段階で直します。

7 あわじ結びを小さくする場合は、左右の輪の上を持ち、外側へ引っ張ります。

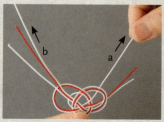

8 a、bの端を引っ張って縮めていきます。その際、3本並んだ水引の内側から1本ずつ丁寧に引き、そろえていきます。

HASHIOKI あわじ結びの箸置き

あわじ結びを1本の水引で巻いた鶴の箸置き（祝い箸置き）。紅白の色づかいで印象も変化します。お正月やお祝いの席に。
HOW TO MAKE / P.52

梅結び
UME-MUSUBI

1 p.8の要領であわじ結びを編み、3つの輪をそれぞれ花びらに見立てます。(p.8の8と記号は異なります)

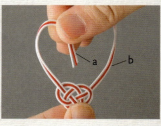

2 aの端を3本そろえて中央のひし形の部分に上から入れます。穴がきつくて通しづらい時は目打ちで広げます。

3 aを入れたところ(これが4枚めの花びらになります)。

4 aの輪を締めます(3本一度に引っ張らず、内側から1本ずつ引きながら)。

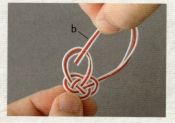

5 aの輪へbの3本の端をそろえて上から入れます(5枚めの花びら)。

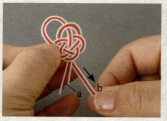

6 下に通したbの端を内側から1本ずつ真下に引きます。

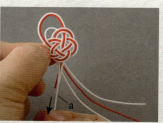

7 次にaの3本を内側から1本ずつ下に引いて全体を締めます。

8 梅結びの出来上がり。

梅の花をかたどった愛らしい結びで、これもあわじ結びから始まります。きゅっと締めて編むことでより美しい形に。ひとつでも華やかでいろいろな場面で使える結びなのでぜひ覚えたい基本の結びのひとつです。

HASHIOKI
梅結びの箸置き

日本の装束の「かさねの色目」の2色の組合せを水引で表わした花箸置きです。トレーの上から2本ずつ春、夏、秋、冬、左側が通年の色合せ。

HOW TO MAKE / P.53

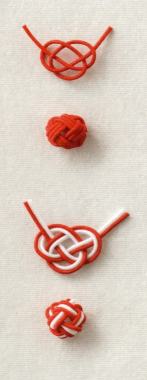

玉結び
TAMA-MUSUBI

かわいらしい玉結び。これもあわじ結びから始まり、丸結び、あわじ玉など呼び名もさまざまで国外でも同じ結びを見ることがあります。この本では1色で結ぶ玉結びと、2色で結ぶ方法をご紹介しています。

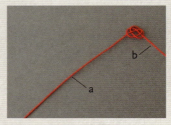

1　1本どり（45cm）の端であわじ結び（p.8）を編み、下向きにします（このあわじ結びの大きさで玉結びの出来上りサイズが決まります）。

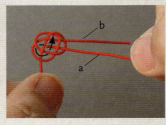

2　長く残したaをbの左側（内側）にそわせるように入れます。

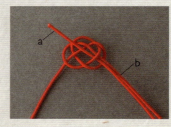

3　4つの丸の大きさが同じになるようにaを引きます。

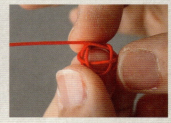

4　3を球体になるように丸め、そのままaをbの左側にそって同じように編み込みます。最初のあわじ結びと合わせて3周したところで完成。

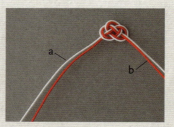

5　2色の玉結びを編む場合は、2本どりで同じくあわじ結びを編みます。写真は白+赤+白の玉結びを作るため、白を外側にあわじ結びを編んでいます。

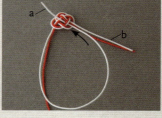

6　2と同じ要領で、長く残した白1本をbの左側（内側）にそうように入れ、4つめの丸を作ります。

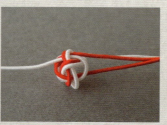

7　全体を球体に整えます。

8　水引を通しづらいときは目打ちで穴を広げ、6で入れた白を1周したら出来上り。

WREATH 玉結びのリース

水引を束ねて輪やリボンにし、先端に玉結びをあしらいました。お正月飾りにも使える華やぎのあるリースです。
HOW TO MAKE / P.54

亀の子結び
KAMENOKO-MUSUBI

亀の甲羅に似ているので亀甲結び、亀結びとも呼ばれ、これもあわじ結びから始まります。水引の技法では、亀はもちろん鶴の背中もこの結びを使います。水引の引き加減でさまざまな表現ができる結びでもあります。

1 p.8の要領であわじ結びを結びます（写真は45cm3本どり）。(p.8の8と記号は異なります)

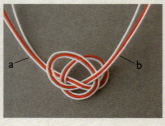

2 a、bを抜きます。この状態を抜きあわじ／あわじ崩しと言います（最初から両端を編まずに抜きあわじから始めてもかまいません）。

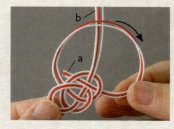

3 aを写真のようにbの上を通り、3本そろえて編みます。

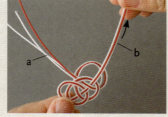

4 bを抜きます（3の状態のときにbの下を通せば4の工程は省けますが、編みやすさを優先しています）。

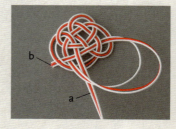

5 両端を下向きに持ち替え、bを写真のように右から左へくぐらせます。

6 bを通したら、一度形を整えます。

7 aの先端を抜いて、上下の繰り返しになるように編み直します。

8 亀の子結びの出来上がり。

TSUBAKI
亀の子結びの椿

亀の子結びを花びらに見立てた椿。
大きさは使用本数で変化します。ここ
では花心の作り方も2種類ご紹介。
How to make / p.55

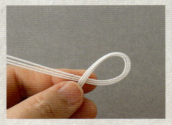

1 左手で図のように白い輪を作ります（写真は30cm3本どり）。

2 赤を3本（30cm）、上に重ねます。

3 赤の左端を白の交差部分に写真のようにくぐらせます。

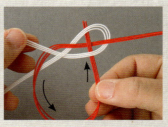

4 赤の左端をそのまま白の輪に通していきます。

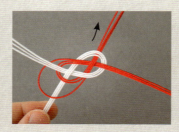

5 形を整えます。その際、赤と白の内側の水引から順に締めていきます。

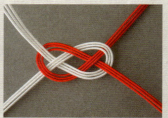

6 抱きあわじ結びの出来上り。

DAKI-AWAJI-MUSUBI
抱きあわじ結び

左右から抱き合わせるように結ぶことから抱きあわじ結び（正あわじ結び）と呼ばれています。あわじ結びは1組みのつながった水引で結びますが、こちらは2組みで結びます。祝儀袋などにも使われる応用の幅が広い結びです。

USAGI
亀の子結び+
抱きあわじ結び+
玉結びのうさぎ

白と黒のうさぎは、共に抱きあわじ結びの体、顔は引き締めた亀の子結び、しっぽには玉結びを使用しています。
HOW TO MAKE / P.56

祝儀袋 I
SHŪGIBUKURO

左から結びきり（簡単にほどけない＝二度とないことから結婚のお祝いに）、両輪結び（その他の慶事に）、片輪結び（樹木など天にまっすぐ伸びるものに）。水引は金銀・紅白で各々左側に銀・白を用い、和紙は手漉きの檀紙を使用。きちんと基本を踏まえることで贈る気持ちもより伝わります。

HOW TO MAKE / P.57

基本を踏まえた上で現代風にアレンジした祝儀袋3種はどれも結婚お祝い用です。左から抱きあわじ結び(結びきりと同様に扱われます)、松結び(ほどきにくい結びなので)、梅結びをポイントにして帯締め感覚で結びきりをほどこしたもの。雁皮紙と三椏紙はいずれも手漉きの和紙です。
HOW TO MAKE / P.58

祝儀袋 Ⅱ
SHUGIBUKURO

大好きなクラフト紙で6種類の祝儀袋を。活版印刷の表書きに各々の紙に合わせた結びなどで遊びつつも、贈る相手のことを一番に。気が置けない友人へのお祝いだったら楽しい気持ちが伝わるのではと思います。外包みに合わせて、内包みには筋入りクラフト紙を使用しています。

HOW TO MAKE / P.59

21

ぽち袋
POCHIBUKURO

身近な素材、紅白の折り紙とB5サイズ原稿用紙でぽち袋を折り、小さな水引のポイントでおめかし。切手や花の種を入れて贈っても楽しいです。

HOW TO MAKE / P.60

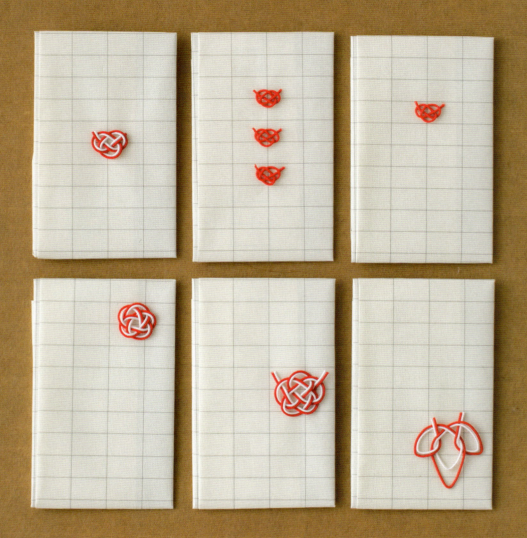

GIFT IDEA
ボトル飾り

ワインを贈るときは水引で簡単にドレスアップ。左は玉結びを両端につけた水引の紐で蝶結び、中央はあわじ結びをアレンジ、右はメッセージタグを梅結びでおめかしした紐で結んで。

HOW TO MAKE / P.61

MESSAGE CARD
メッセージカード

切り余りのリユースで、工作みたいに四角や三角を切ったりはったりしただけのクリスマスカード。簡単でかわいくできるので、たくさん作ってストックしておくことをおすすめします。
HOW TO MAKE / p.61

MINI GIFT BOX
ギフトボックス

4cmにも満たない小さな箱に20通りの方法で赤い水引をかけてみました。贈る相手の笑顔を思い浮かべながら、色や結び方を考えるのも楽しい時間です。

How to make / p.62

MINI GIFT BAG
ギフトバッグ

小さな角底袋を水引のアクセントでとめてみました。あわじ結びに玉結び、蝶結びなど簡単でかわいく、色のつかい方次第で印象も変わります。
HOW TO MAKE / P.62

おめでたづくし
OMEDETADUKUSHI

てのひらにのるサイズでお正月にまつわるものをたくさん作ってみました。お節にそえたり、豆皿にのせて飾ったり、写真に撮って年賀状のモチーフにするのも楽しいです。
How to make / p.63

輪飾り・屠蘇器飾り
WAKAZARI / TOSOKIKAZARI

基本の素材、三尺の赤い色水引で一気に作り上げた輪飾りはお正月飾りに。また凛とした手漉きの奉書に松と梅をあしらった屠蘇器飾りも新しい年に備えましょう。

HOW TO MAKE / p.65,66

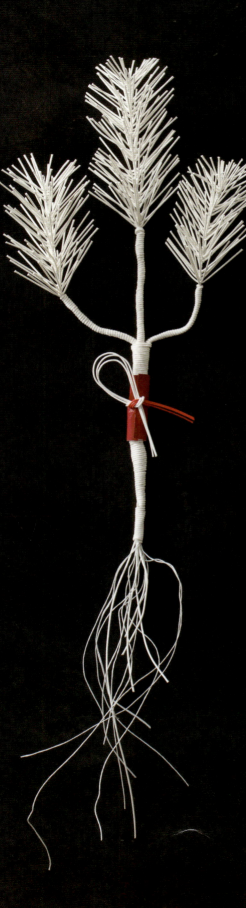

NEBIKIMATSU

根曳き松

根曳き松は源氏物語に出てくる「子の日の遊び」に由来し、根がついたまま門松として飾ります。白い色水引できりりと作り上げます。

HOW TO MAKE / P.67

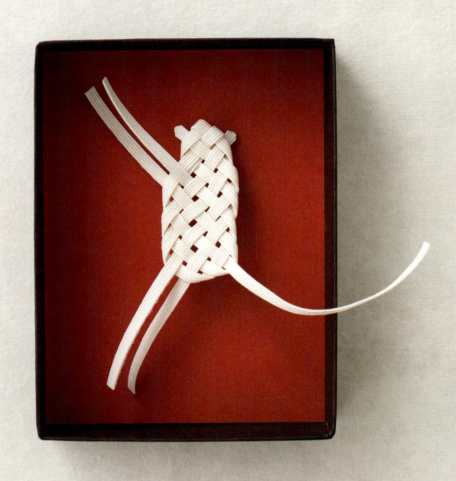

十二支飾り
ETOKAZARI

水引バンドをプレイティングという技法で編んだ十二支。バンドの幅を変えれば大きくも小さくもできます。
HOW TO MAKE / P.68

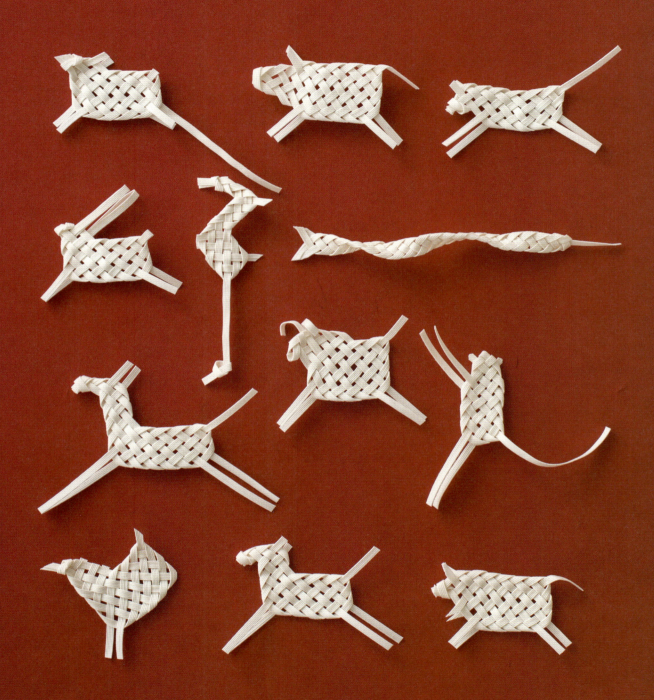

GOSEKKU
五節供（五節句）

江戸時代に制定された五節供を気軽に飾り楽しめるよう、蓋つきの小さな桐箱サイズに収めました。七草／すずな（p.35上）、桃の節供／内裏雛（p.34左）、端午の節供／兜（p.34右）、七夕／短冊（p.35左下）、重陽の節供／菊（p.35右下）。シンプルだけど季節を身近に感じられ、贈り物にもぴったり。

HOW TO MAKE / P.74

35

CHRISTMAS ORNAMENT

クリスマスオーナメント

かごの技法でもある五ツ目（五角形と三角形で構成される）の球体でクリスマスの演出を。水引バンドの幅や長さを変えればいろいろなサイズを楽しむことができます。

HOW TO MAKE / P.76

クリスマスリース
CHRISTMAS ORNAMENT

松葉の技法でもみの木のリースを作りましょう。土台になるワイヤも一から作れば好きなサイズで仕上げることができます。ラッピングの飾りにもすてきです。
HOW TO MAKE / P.77

髪飾り
KAMIKAZARI

玉結びにUピンを通したシンプルでかわいい髪飾りと、小さなコームに立体的なパーツをとりつけた櫛かんざしです。どちらも和に洋に使えるので色違いで作り置きを。
HOW TO MAKE / P.78

帯留め OBIDOME

連続の梅結びで作った愛らしい帯留めは、帯留め金具を使ってしっかりと仕上げています。色のつかい方次第で大人っぽくもかわいくも見せることができます。

HOW TO MAKE / P.76

結び箸置き MUSUBIHASHIOKI

いくつあっても楽しいパステルトーンの箸置きは、三つ編みした水引を結んで作ります。急なお客さまにも、小さな贈り物にも使える愛らしい小物です。

HOW TO MAKE / P.79

箸包み
HASHIDUTSUMI

少し厚手のカラートレーシングペーパーを折って同系色の絹巻水引の蝶結びをあしらった箸包み。季節に合わせて色を変える楽しみもあります。

HOW TO MAKE / P.79

豆盆栽
MAME BONSAI

梅と松の豆盆栽はどちらも同じパーツで色と構成を変え、手にのるサイズで自然を表現しています。お正月の演出や贈り物にも喜ばれます。
HOW TO MAKE / P.80

野 の 花 WILD FLOWER

草花のミズヒキ（上から見ると赤く下から見ると白い花のためこの名前に）とネジバナを作りました。風に揺られている感じがとても涼しげです。

HOW TO MAKE / P.82

PAPER WEIGHT ペーパーウェイト

昔、小石に松葉を結んで「恋しく待つ」と手紙の代りにしたそうです。そんなことを思いながらお気に入りの石を水引でアレンジしてオブジェ風に。
HOW TO MAKE / P.83

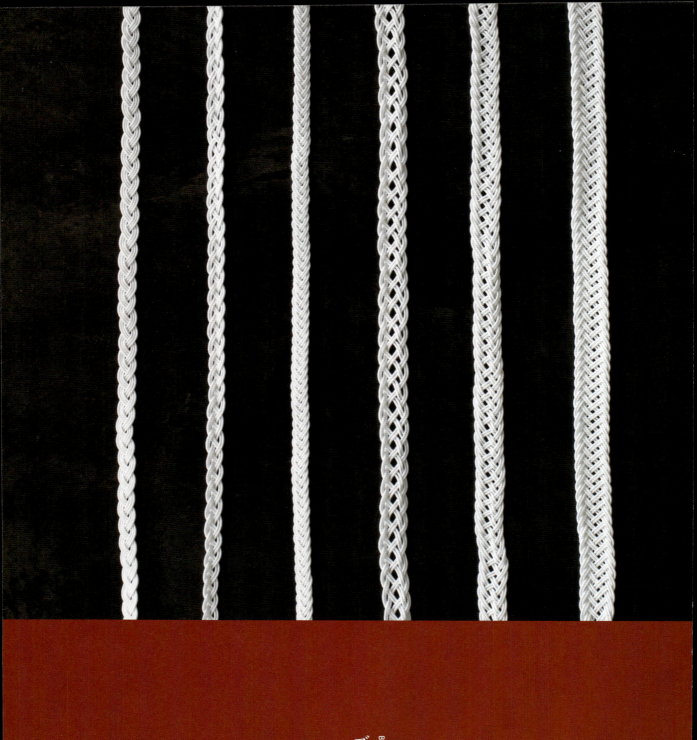

BRAIDING
ブレイディング

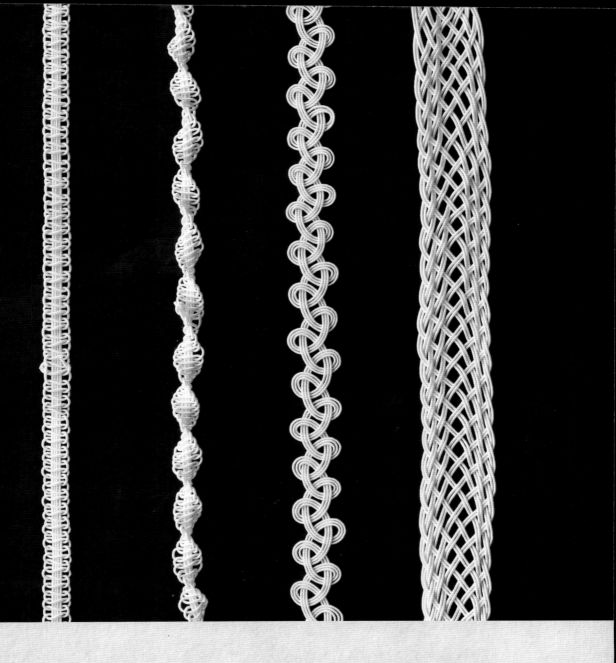

編み組みの多様性、ブレードの技法は水引でも活躍。左から三つ編み／四つ編み／五つ編み／六つ編み／七つ組み／九つ組み／平結び／ねじり打ち（S撚り）／鎖編み／十二本組み。
HOW TO MAKE / P.84

PUSH PIN
プッシュピン

小さめに編んだ玉結びに虫ピンを通してきちんと接着したら、かわいくて使えるプッシュピンに早変り。
HOW TO MAKE / P.83

用具 TOOLS

1 物差し
30cm程度あると便利です。またアクリルやスチール、アルミ製より、竹のほうが作業しやすいです。

2 目打ち
穴をあけたり、形を整えたり、接着剤を塗るときに使用します。目的に応じて何本かあるとさらに便利です。

3 スタイラス
印つけや、カードに折り目をつけるのに便利です。

4 クラフト用のはさみ
水引やワイヤをカットするときに使用します。紙用のはさみでは刃先を傷めてしまうので専用のはさみを使用します。

5 ラジオペンチ
ワイヤを押さえたりするのに使い、作るものによって大小あると便利です。小さいものはすべり止めのローレット（ぎざぎざ）がないほうが水引やワイヤを傷めないのでおすすめです。

6 紙用のはさみ
フローラルテープなどをカットするときに使用します。

7 チリ棒
水引専用の用具です。海の塵（白い泡）を作るために使うので、チリ棒という名前がついています。

材料 MATERIALS

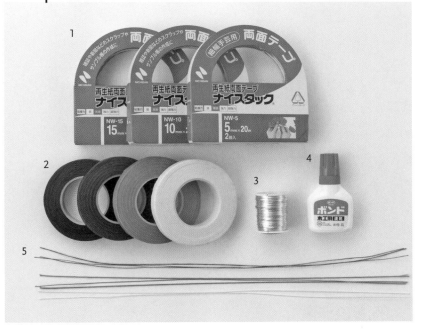

1 両面テープ
作品によって使用するテープの幅を変えると便利です。またテープの剥離紙に目盛りがついているものは作業効率も上がります。

2 フローラルテープ
クレープ状の花用のテープで伸ばして使います。約12mm幅のものを使用していますが、細い幅が必要なときは幅を適度にカットして使用します。

3 真鍮ワイヤ
ビーズや花用に使用される真鍮製のワイヤです。太さは28番を使用しています。

4 木工用接着剤（ボンド）
接着やコーティングに使用します。速乾タイプが乾きが早いのでおすすめです。

5 地巻ワイヤ（長さ36cm）
裸のワイヤに紙が巻かれたもので扱いやすく、サイズ（太さ）は作品によって使い分けます。番号が大きいほど細くなります。色は白、緑、茶があります。

編み方レッスン
LESSON

本書で使用されている基本的な結びです。

P.8、10、12、14、16の写真プロセスと併せて見ながら、結びを習得しましょう。

まずは1本で編んでみて、2本、3本と増やして練習するとよいでしょう。

ONE POINT ADVICE ワンポイントアドバイス

- 水引の単位は「筋」が基本ですが、ふだんは1本、2本と数えます。また水引のことをたまに「糸」と呼ぶことがあります。
- 水引の長さは3尺（1尺は約30cm）が基本です。作るメーカーによって90〜92cmくらいの開きがありますが、本書では90cmと表記しています。また45cm、30cmなど、必要な長さで表現していますが、ふだんは½、⅓でカットしています。
- 3尺という長さは軽く両手を広げた程度の長さで、人間工学的にも扱いやすい長さです。また祝儀袋用などには45cm、60cmの長さの水引も販売されており、太さにも種類があります。
- 水引を編むときには、必要な本数をまとめて何回かしごいて、自然な丸みをつけると編みやすくなります。
- 水引は和紙のこよりなので、折り紙などと同じく一度曲げると元に戻りません。保管方法はまっすぐなまま引出しに収納するか、紙筒に入れて立てて収納するとよいでしょう。大量でなければ、図面ケースもおすすめです。
- 素材の扱いに慣れると、結びも上達します。半年くらい毎日編んでいるとかなり腕が上がります。結ぶときの長さは慣れないうちは少し長めのほうがよいですが、慣れると本書で示しているよりも短い長さでできるものも多々あります。上達すると材料にも無駄がなくなります。
- 水引は素材として使うときは色を気にしなくてもよいと思いますが、不祝儀を想像する色に関しては注意しましょう。銀、黒、白、黄、青は年齢や土地によっては不幸をイメージするかたもいますので気をつけてください。
- あわじ結びができなくても、リボン代わりにふだんのラッピングなどに使うのも楽しいので、気軽に使ってみましょう。

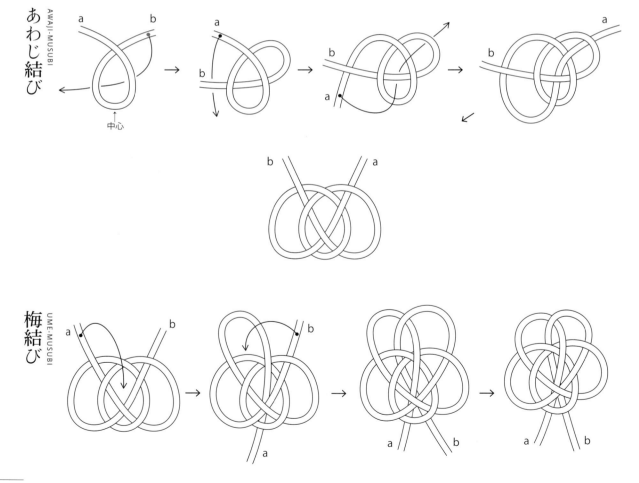

あわじ結び AWAJI-MUSUBI

梅結び UME-MUSUBI

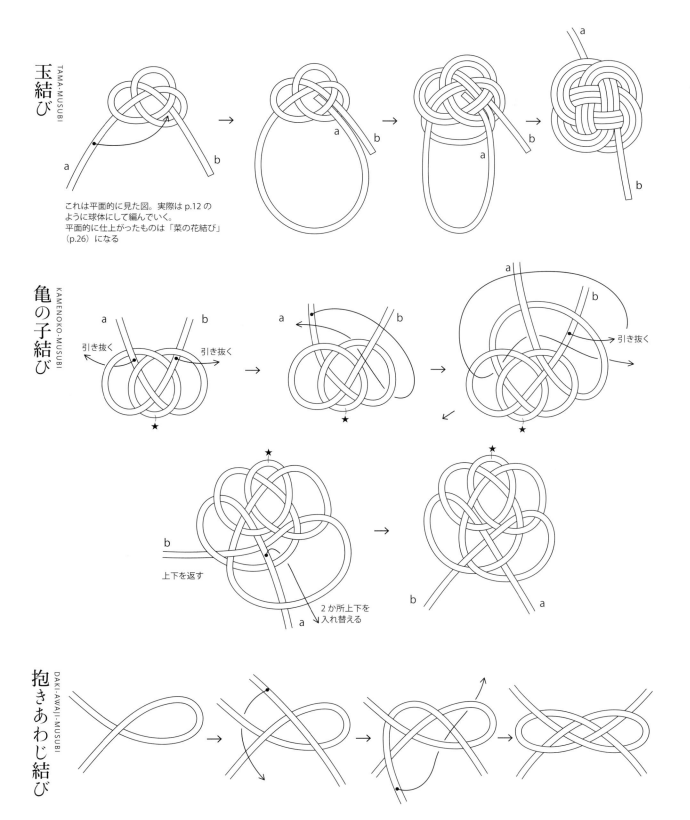

あわじ結びの箸置き

HASHIOKI

DESIGN / P.9

羽根になる部分の水引5本は赤や白だけの単色や、赤と白の組合せを好みで決めてください。
首に巻く水引は力を入れすぎない程度に、丁寧にすきまを作らずに巻いていきます。

材料（1個分）
絹巻水引（羽根用）=30cmを5本（赤または白を適宜選ぶ）
絹巻水引（首用）=90cmの白を1本
真鍮ワイヤ28番=6cmのゴールドを1本
地巻ワイヤ22番=4cmの白を1本
フローラルテープ=10cmの白を1本

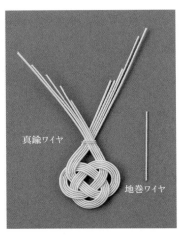

1 水引を5本、赤白好きな組合せであわじ結び（P.8）をする。残った水引を交差して、真鍮ワイヤで束ねる。

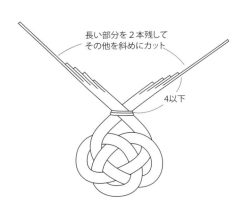

2 1本ずつを残して、残り4本ずつは4cmから段差をつけて、カットする。

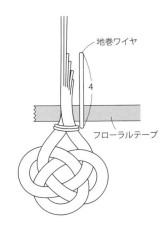

3 地巻ワイヤを添えて、フローラルテープをワイヤの長さまで巻く。

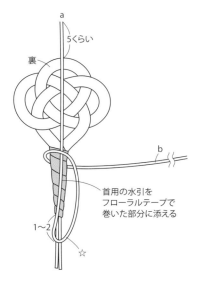

4 上下を返して首用の水引を折り返してbでフローラルテープが見えなくなるまで巻いていく。aは5cmほど出しておく。

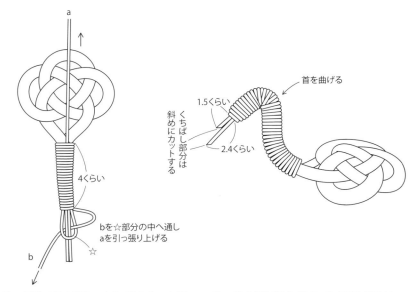

5 下まで巻き終わったら、輪になった部分にbを通し、上に出ているaを引っ張り上げて締め、a、bの余分はカットする。

6 首を折り曲げ、出ている水引を斜めにカットする。

梅結びの箸置き

HASHIOKI

DESIGN / P.11

枝になる部分は力を入れすぎない程度に、丁寧にすきまを作らずに巻いていきます。
飾りとなる1本の先端の枝や横に出ている枝はバランスを見ながら、斜めにカットします。

材料　＊p.11のトレーの上から1～8、左側上から9、10の順
1　薄花桜…絹巻水引＝30cmの白を3本、90cmのさんごを2本
2　桃…絹巻水引＝30cmのさんごを3本、90cmの若草を2本
3　棟…絹巻水引＝30cmの藤を3本、90cmの日和グリーンを2本
4　百合…絹巻水引＝30cmの赤を3本、90cmの濃黄を2本
5　忍…絹巻水引＝30cmの若草を3本、90cmの梅紫を2本
6　落栗色…絹巻水引＝30cmの梅紫を3本、90cmの金茶を2本
7　氷重…絹巻水引＝30cmのベージュを3本、90cmの白を2本
8　椿…絹巻水引＝30cmの梅紫を3本、90cmの赤を2本
9　苦色…絹巻水引＝30cmの茶を3本、90cmの桔梗を2本
10　木賊…絹巻水引＝30cmの若草を3本、90cmの白を2本

地巻ワイヤ22番＝4.5cmの白を各1本（すべてに共通）

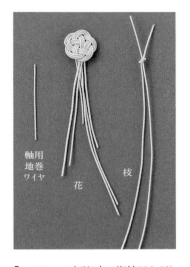

1　30cmの水引3本で梅結び（P.10）をする。

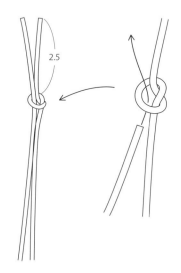

2　90cmの水引の1本を端から2.5cmのところでひと結びし、その輪の中にもう1本を通して、結び目を締める。

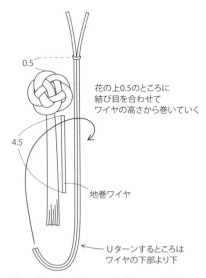

3　梅の花の根もとに地巻ワイヤを添え、2の水引を裏側に当てて根もとから巻いていく。

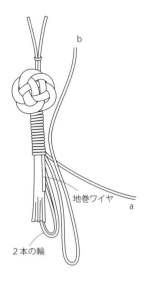

4　軸の長さの半分まで巻いたら1本を折り返し（b）、その上から残りの1本（a）で地巻ワイヤの下端まで巻く。

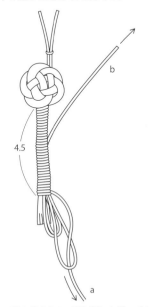

5　巻き終えたら、折り返した輪の中にaをくぐらせて、bを引いて締める。

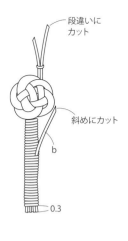

6　余りは0.3cmくらい残してカットし、bは全体のバランスを見て、斜めにカットする。

玉結びのリース

WREATH

DESIGN / P.13

輪のリースは玉結びをすべてつけてしまうと重たく見えてしまうので、
正面から見て玉どうしが重ならないようにバランスを見ながらつけていきます。
リボンは結び目のところにボンドを少したらして固定しておくと作業がしやすくなります。

材料

輪のリース
絹巻水引(リース用)＝90cmの赤、白を各25本
絹巻水引(巻きどめ用)＝90cmの赤を3本
絹巻水引(玉結び用)＝30cmの赤を90本、白を90本

リボンのリース
絹巻水引(リボン用)＝90cmの赤、白を各10本
絹巻水引(玉結び用)＝30cmの赤を60本、白を60本

1 赤×白×赤、白×赤×白の組合せの玉結び(P.12)を30個ずつ作り(P.12)、色を左右各15個ずつ分けておく。

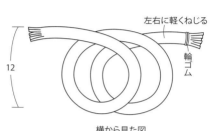
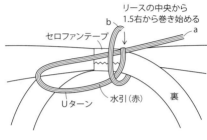
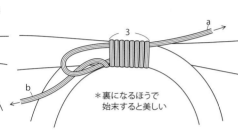

2 水引を赤、白交じるようにラフに束ねて、端を輪ゴムでとめ、軽くねじり、2回輪を描くように丸める。

3 中央をセロファンテープで巻いて固定する。セロファンテープを隠すように3本の水引で巻く。

4 巻き終わったら、輪の中に端(b)を入れ、aを引いて締める。a、bの端は0.2～0.3cm残してカットする。

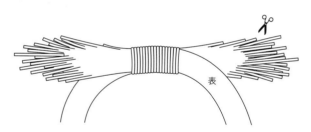
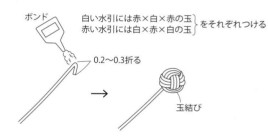

5 リースの両端は長さをランダムにカットする。

6 玉結びをつける左右30本ずつの先を0.2～0.3cmペンチで折る。1の玉結びを左右30個ずつボンドでつける。残りの各20本は表から見えないように短くカットする。

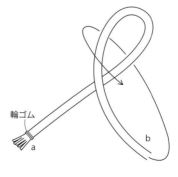
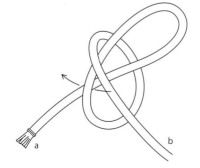
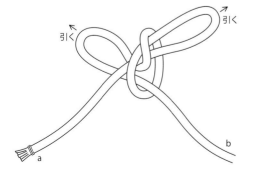

1 輪のリースと同様に玉結びを20個ずつ作り、色を左右各10個ずつ分けておく。

2 水引を赤、白交じるようにラフに束ねて端を輪ゴムでとめ、全部一緒に蝶結びをする。

3 リボンの端は長さをランダムにカットし、輪のリースと同様に先を折って玉結びを左右20個ずつつける。

亀の子結びの椿
TSUBAKI

DESIGN / P.15

花びらは開いたり、閉じたりと自由に形作ることができます。花心も好みで選んでください。

材料

大の椿（5本どりの赤、白）
- 絹巻水引（花びら用）＝60cmの赤、白を各25本
- 絹巻水引（花心用）＝10cmまたは7cmの濃黄を各30本
- 絹巻水引（葉用）＝28cmの青を各15本
- 絹巻水引（がく用）＝60cmの赤、白を各4本
- 真鍮ワイヤ28番＝40cmを各2本、6cmを各6本
- 地巻ワイヤの茶色＝22番3cmを各3本、20番10cmを各1本
- フローラルテープ＝白を10cm各1本、グリーンを5cm各3本、ブラウンを20cm各1本
- 両面テープ＝1cm幅適宜

小の椿（3本どりの赤、白、灰桜）
- 絹巻水引（花びら用）＝45cmの赤、白、灰桜を各15本
- 絹巻水引（花心用）＝8cmまたは6cmの濃黄を各30本
- 絹巻水引（葉用）＝24cmの青を各5本
- 絹巻水引（がく用）＝45cmの赤、白、灰桜を各3本
- 真鍮ワイヤ28番＝40cmを各2本、6cmを各2本
- 地巻ワイヤの茶色＝22番3cmを各1本、20番10cmを各1本
- フローラルテープ＝白を10cm各1本、グリーンを5cm各1本、ブラウンを20cm各1本
- 両面テープ＝1cm幅適宜

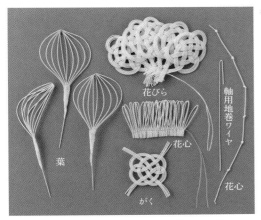

《連続つなぎ》
パーツをはさんだらここで1回しっかりクロスする。ワイヤを持って振ってもパーツが動かない程度
真鍮ワイヤ（40cm）

花心
大きい花は10cmを二つ折り
小さい花は8cmを二つ折り
幅1の両面テープをはる
真鍮ワイヤ
テープの下からはみ出した水引はカット
#20の地巻ワイヤの先端をペンチで2cm折り曲げて、左から3本めのところに引っかけてくるくる巻く
残したワイヤで両方向に回してねじってとめる。残りはカットし、フローラルテープ（白）を巻く

＊端をひと結びしたもの

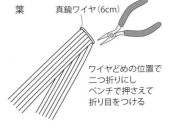

葉
真鍮ワイヤ（6cm）
ワイヤどめの位置で二つ折りにしペンチで押さえて折り目をつける

7
真鍮ワイヤ（6cm）で束ねる
斜めにカット

1 花心用の水引は二つ折り（大は10cm、小は8cm）、または端をひと結び（大は7cm、小は6cm）して30本作り、40cmの真鍮ワイヤで連続つなぎをする。両面テープをはり、10cmの地巻ワイヤを引っかけてすきまなく巻き、白のフローラルテープを巻く。

2 葉は水引を5本並べて中央を真鍮ワイヤでとめ、ペンチで二つ折りにして立体的になるように葉の形に広げて真鍮ワイヤでとめる。3cmの地巻ワイヤを添えて、グリーンのフローラルテープで巻く。

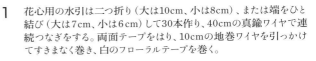

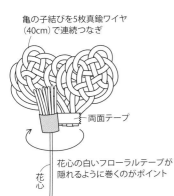

亀の子結びを5枚真鍮ワイヤ（40cm）で連続つなぎ
両面テープ
花心の白いフローラルテープが隠れるように巻くのがポイント
花心

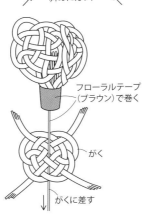

フローラルテープ（ブラウン）で巻く
がく
がくに差す

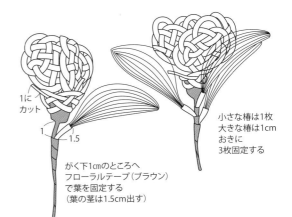

1にカット
1
1.5
小さな椿は1枚大きな椿は1cmおきに3枚固定する
がく下1cmのところへフローラルテープ（ブラウン）で葉を固定する（葉の茎は1.5cm出す）

3 大は5本、小は3本で亀の子結び（P.14）をして、花びらを5枚作り、40cmの真鍮ワイヤで連続つなぎをする。ワイヤの下に両面テープをはっておく。花びらで花心を巻き、ブラウンのフローラルテープを巻く。

4 がくは大は4本、小は3本で亀の子結び（P.14）を少しゆるめに編む。最初のあわじ結びのトップを長めに編み、カットする。花をがくに差し込んでとめ、4つの端は1cm残してカット。葉を添えてブラウンのフローラルテープを端まで巻いていく。

亀の子結び + 抱きあわじ結び + 玉結びのうさぎ

USAGI

DESIGN / P.17

しっぽなどの結び目やひげの根もとにはゆるんでこないようにボンドを少し差しておくと安心です。

材料

白いうさぎ
- 羽衣水引（頭用）＝60cmの白を5本
- 羽衣水引（体用）＝90cmの白を8本
- 羽衣水引（しっぽ用）＝45cmの白を1本
- 羽衣水引（ひげ用）＝20cmの白を1本
- 絹巻水引（目用）＝20cmの赤を2本
- 地巻ワイヤ28番＝36cmの白を1本

黒いうさぎ
- 絹巻水引（頭用）＝60cmの黒を5本
- 絹巻水引（体用）＝90cmの黒を8本
- 絹巻水引（しっぽ用）＝45cmの黒を1本
- 絹巻水引（ひげ用）＝20cmの黒を1本
- 絹巻水引（目用）＝20cmの水色を2本
- 地巻ワイヤ28番＝36cmの茶を1本

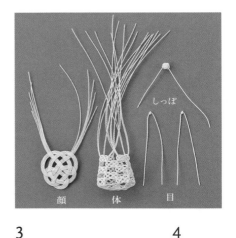

顔　体　目　しっぽ

1

体用の水引4本ずつ計8本で抱きあわじ結び（P.16）を編む。16本の先端を2本ずつに分け、写真の位置で抱きあわじ結びを編む。

2

2本どりの抱きあわじ結びが1つできたところ。次に隣の2本ずつを取り分け、抱きあわじ結びを編む。

3

2つめの抱きあわじ結びができたところ。同じ繰り返しで抱きあわじ結びを編んでいく。

4

4つの抱きあわじ結びができたら、最初の中心の大きな抱きあわじ結びと共に底とし、編んでいない水引を折り上げる。続けて抱きあわじ結びをまた4つ編む。

5

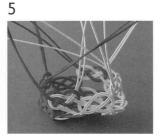

折り上げた後の1段めが編めたところ。このようにして、立ち上げたところから計4段の抱きあわじ結びを編む。

6

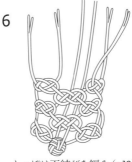

しっぽは玉結びを編み（P.12）、下段中央のあわじ結びに差し込んで本結び（P.57）をし、余分な水引はカット。

7

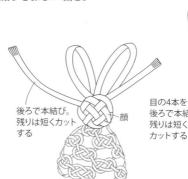

地巻ワイヤ
余った水引と地巻ワイヤの先端をカット
後ろ
しっぽ

体の水引をまとめて地巻ワイヤでとめる。8本ずつに分けて折り曲げ、残しておいた地巻ワイヤでとめ、耳を作る。

8

後ろで本結び。残りは短くカットする。
顔

顔は亀の子結び（P.14）をして、立体的に締めて形作る。体に本結びでつける。

9

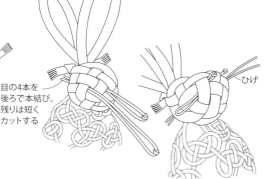

目の4本を後ろで本結び。残りは短くカットする。
ひげ

目は水引をひと結びし、二つ折りにして顔に差して後ろ側で本結び。ひげを二つ折りにして通したら、輪になっている部分をカットし、長さを整える。

祝儀袋
SHUGIBUKURO

Design / P.18

外包みの檀紙、内包みの奉書をP.58のように折ります。
祝儀袋を折るときには、決して和紙を回転させたり、裏返したりしないようにします。
結びは用途に合わせて選び、金銀水引は左に銀、紅白水引は左に白がくるように置きます。

材料（1封分）
金銀水引5本づけ=45cmを1本
手漉きの檀紙=40×52.5cm
奉書=39×53cm

結びきり（本結び）

 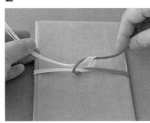 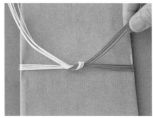

1 水引を平らに置き（銀色が左）、その上に折形（包み）を載せ、5本の水引が重ならないようにそろえて写真のようにクロスし、しっかりと締める。

2 ねじれないように気をつけながら、銀色の水引を写真のように回して本結び（結びきり）をする。

3 左右の水引の先端を折形に合わせてバランスよくカットする。

両輪結び

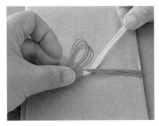  

1 結びきりの1と同様にクロスして引き締め、金色5本をそろえて輪を作る。

2 次に銀色5本をそろえて、輪を作りながら金色の輪の下にくぐらせる。

3 左右の輪を引いて締め、左右の水引の先端をバランスよくカットする。

片輪結び

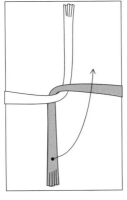 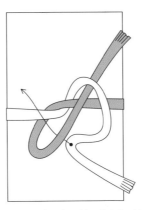 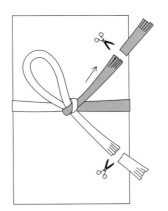

1 結びきりの1と同様にクロスして引き締め、金色を引き上げる。

2 銀色5本で輪を作りながら、金色の間にくぐらせる。

3 金色をきっちりと引き締め、端はバランスよくカットする。

祝儀袋
SHUGIBUKURO

DESIGN / P.19

内包みのサイズは包む人の手の感覚で決めてかまいません。お札の向きは、左側を上にします。

材料

左…絹巻水引＝45cmの赤を5本、雁皮紙＝32×40cmを1枚、
和紙＝4×4cm、和紙テープ＝1cm幅2.5cm、でんぷんのり

中…プラチナ水引＝60cmのゴールドを2本、
絹巻水引＝60cmのベージュを3本、純金水引＝10cm、
雁皮紙＝32×40cmを1枚、和紙＝4×4cm、
和紙テープ＝1cm幅2.5cm、でんぷんのり、木工用ボンド

右…絹巻水引＝30cmの赤を4本、民芸紙＝28×39cmを1枚、
木工用ボンド

奉書（内包み）＝39×53cmを1枚（すべてに共通）

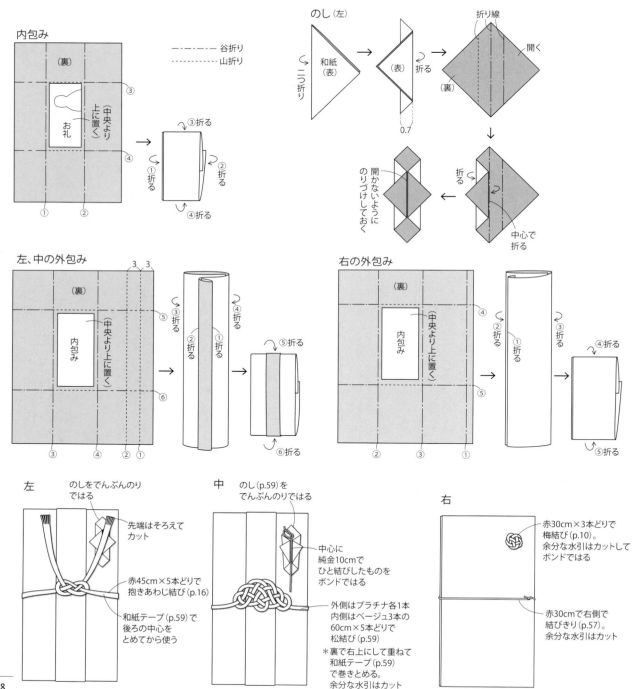

祝儀袋
SHUGIBUKURO

DESIGN / P.20-21

P.20
左は5本で抱きあわじ結び(P.16)で編みます。右の中心の水引は赤白2本で結びきり(P.57)をし、水引バンド(P.76)ののしをはさみます。

P.21
左上は玉結び(P.12)を3つ通し、裏側で結びきりをします。右上は5本で梅結び(P.10)を編み、連続して内側の3本で梅結びを編みます。外側の2本は裏側で本結び(P.57)をします。中心の水引は1本で結びきりをし、連続梅結びを引っかけます。左下は赤白2本ずつで鎖編み(P.85)を編み、裏側で地巻ワイヤで編始めと終りをとめます。右下は赤2本、白3本で水引バンドを作り、裏側で3cm重ね、和紙テープでとめます。タグをマスキングテープでとめます。

材料

P.20左…プラチナ水引=60cmのゴールドを2本、絹巻水引=60cmのベージュを3本、クラフトペーパーデュプレN(外包み)=297×297mm1枚、4×4cm1枚、和紙テープ=1cm幅2.5cm、でんぷんのり

P.20右…絹巻水引=30cmの赤、白を各1本、(のし用)30cmの白を2本、赤を3本、10cmの白を6本、赤を9本、D'CRAFTキューブ(外包み)=A3サイズ1枚

P.21左上…絹巻水引=30cmの赤を4本、D'CRAFTドット(外包み)=A3サイズ1枚

P.21右上…絹巻水引=赤の60cmを5本、30cmを1本、D'CRAFTフラワー(外包み)=A3サイズ1枚

P.21左下…絹巻水引=90cmの赤、白を各2本、D'CRAFTクロス(外包み)=A3サイズ1枚、地巻ワイヤ28番=6cmの白を2本

P.21右下…絹巻水引=45cmの白を3本、赤を2本、15cmの赤を1本、D'CRAFTフランネル(外包み)=A3サイズ1枚、クラフトタグ、マスキングテープ=15mm幅3cm、和紙テープ=1cm幅2.5cm

筋入りクラフト紙(内包み)=A3サイズ1枚、活版印刷カード(共通)
＊クラフトペーパー、活版印刷カードはP.88参照。

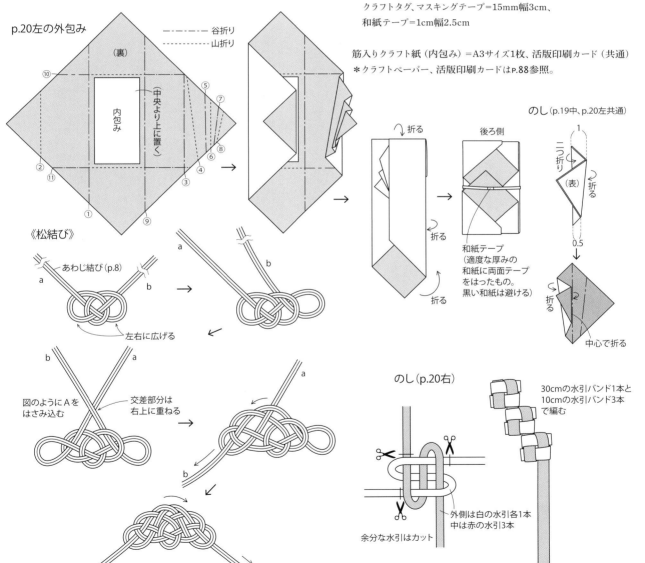

ぽち袋 POCHIBUKURO

DESIGN / P.22-23

身近にあるもので簡単に作れるぽち袋です。ちょっとした心遣いに渡すのに適しています。
きれいな包装紙を利用してもいいでしょう。好みの水引を結んでボンドでとめましょう。

材料（1個分）

P.22
折り紙＝赤、白15×15cmを各1枚
絹巻水引＝10〜25cmの赤、白を各1〜2本
両面テープ
和紙テープ

P.23
約B5の原稿用紙（満寿屋の原稿用紙no.102）＝1枚
絹巻水引＝10〜30cmの赤、白を各1〜2本
両面テープ

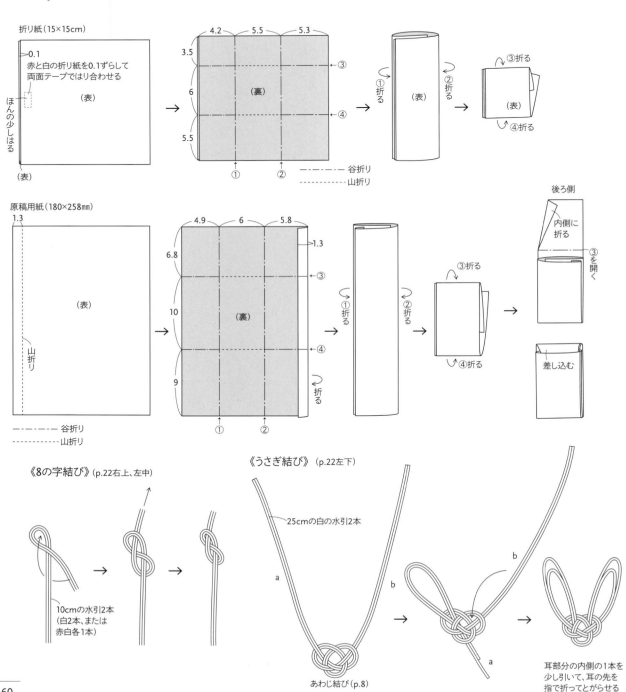

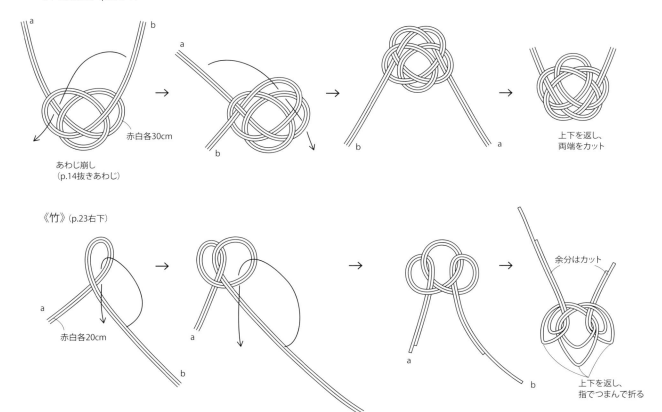

《平梅結び》(p.23下中)

あわじ崩し
(p.14抜きあわじ)

赤白各30cm

上下を返し、両端をカット

《竹》(p.23右下)

赤白各20cm

余分はカット

上下を返し、指でつまんで折る

ボトル飾り　GIFT IDEA

DESIGN / P.24

真ん中のボトルのように、あわじ結びをバランスを崩して編む場合には、パテント水引のような張りのあるものを選びましょう。

材料（1個分）
左…絹巻水引＝ベージュの60cmを1本、30cmを2本
　　プラチナ水引＝ゴールドの60cmを1本、30cmを2本
中…パテント水引＝白の30cmを5本、15cmを1本
右…絹巻水引＝梅紫の60cmを1本、30cmを6本
　　ギフトタグ1枚

作り方
左…30cmの水引で玉結び(p.12)を各色2個ずつ編む。
　　60cmの水引にボンドでつける(p.54)。
　　2本そろえてボトルに蝶結びをする。
中…5本どりであわじ結び(p.8)を編む。
　　片側の引き加減をアンバランスにし、端は斜めにカットする。
　　15cmの水引を通してボトルに結ぶ。
右…30cmの水引3本で梅結び(p.10)を2個編む。
　　60cmの水引の両端に梅結びを結びつける。
　　ギフトタグを通して、ボトルに結ぶ。

メッセージカード　MESSAGE CARD

DESIGN / P.25

水引を編むとたくさん出る切り余りを利用したカードです。

材料（1個分）
はがきサイズの紙＝100×148mm
水引＝絹巻や羽衣、特光など15cm程度を適宜
両面テープ＝15mm幅適宜

作り方
1　紙の中心にスタイラスで折り目をつけて、二つ折りにする。
2　両面テープに切り余りの水引をすきまなく並べてはり(p.76)、水引テープを作る。
3　好みの形にカットして紙にはる。
　　ツリーの上の丸はボンドをカードの上にたらし、細かくカットした水引を振りかける。

ギフトボックス
MINI GIFT BOX

Design / P.26

十字に結んだり、1本で結んだり、編んだものを直接ボンドでつけたりと好みでアレンジしてください。
ミニだけでなく、プレゼントのパッケージとして応用できます。

材料（1個分）
マッチ箱ケース＝37×35mm、高さ23mm
絹巻水引＝赤を10〜60cm適宜

《梅結び（立体）》　*p.26の上から3段め、左から2つめ

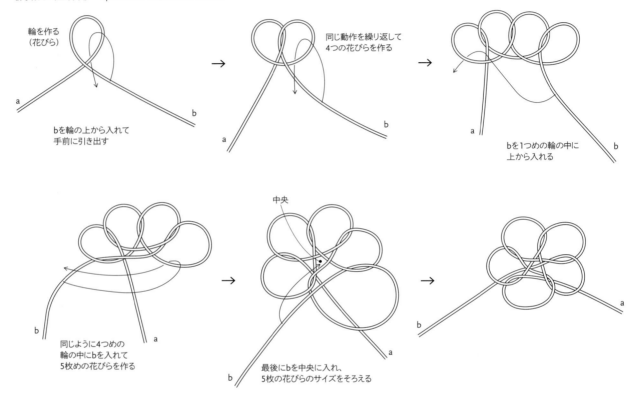

《菜の花結び》　*p.26の上段、左から2つめはp.51の玉結び参照

ギフトバッグ
MINI GIFT BAG

Design / P.27

あわじ結び(P.8)、梅結び(P.10)、玉結び(P.12)、蝶結び、水引バンド(P.76)と
基本的な結びでバッグの袋口をとめています。好みの色やデザインで飾ってみましょう。

材料（1個分）
紙袋＝5×10cm、まち3.5cm
絹巻水引＝適宜
両面テープ（水引バンド用）＝5mm幅適宜
麻ひも＝適宜

おめでたづくし
OMEDETADUKUSHI

Design / p.28-29

1、2はあわじ結び（P.8）。4は枝に玉結び（P.12）をボンドでつけます。5はP.75を参照。8は輪に束ねて中心を白の水引で締めます（P.54参照）。

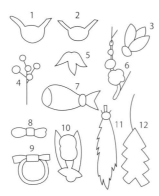

材料

1…絹巻水引＝赤の25cmを5本

2…絹巻水引＝赤の25cmを2本、白の25cmを3本

3…絹巻水引＝黒の20cmを3本、赤の20cmを6本、白の20cmを3本、真鍮ワイヤ28番＝5cmを6本、黒のフローラルテープ

4…絹巻水引＝赤の30cmを5本、木の枝

5…絹巻水引＝赤の12cmを6本、曙水引＝赤金の12cmを3本、真鍮ワイヤ28番＝5cmを4本

6…（つぼみ）絹巻水引＝赤の30cmを1本、
（小の花）絹巻水引＝赤の30cmを3本、特光水引＝金の6cmを3本、真鍮ワイヤ28番＝5cmを1本、
（大の花）絹巻水引＝赤の45cmを5本、特光水引＝金の6cmを3本、真鍮ワイヤ28番＝5cmを1本、（枝）絹巻水引＝赤の90cmを2本、地巻ワイヤ20番＝茶色を10cm

7…（頭）曙水引＝赤金の30cmを2本、絹巻水引＝赤の30cmを4本、
（体）曙水引＝赤金の30cmを12本、絹巻水引＝赤の30cmを12本、地巻ワイヤ28番＝茶色の6cmを2本、
（ひれ）特光水引＝金の8cmを2本、絹巻水引＝赤の8cmを2本、真鍮ワイヤ28番＝6cmを1本、
（尾ひれ）曙水引＝赤金の20cmを2本、絹巻水引＝赤の20cmを1本

8…絹巻水引＝赤の90cmを2本、白の30cmを1本

9…絹巻水引＝赤の45cmを1本、30cmを6本、白の30cmを6本、セロファンテープ

10…曙水引＝赤金の90cmを1本、絹巻水引＝赤の90cmを3本

11…絹巻水引＝赤の45cmを1本、白の15cmを1本、特光水引＝金の15cmを1本、フローラルテープ＝ライトグリーン3cm、ドライの稲穂

12…絹巻水引＝赤の8cmを1本、片面赤の奉書＝5×5cmを2枚、でんぷんのり

3

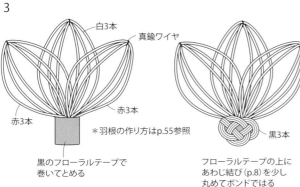

白3本 / 真鍮ワイヤ / 赤3本 / 赤3本 / 黒3本

黒のフローラルテープで巻いてとめる

＊羽根の作り方はp.55参照

フローラルテープの上にあわじ結び（p.8）を少し丸めてボンドではる

チリ棒の使い方

1

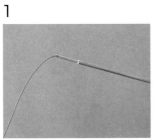

チリ棒の先端の穴に水引を奥まで差し込み、溝に引っかけて固定する。

2

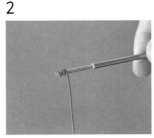

水引を下に引っ張ったまま、チリ棒を水平に回転させる。

3

必要な回数を巻いたら、指で巻いた部分をぎゅっと縮めて形状を記憶させる。

4

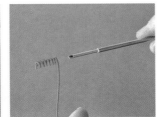

ゆっくりとチリ棒を抜く。

6

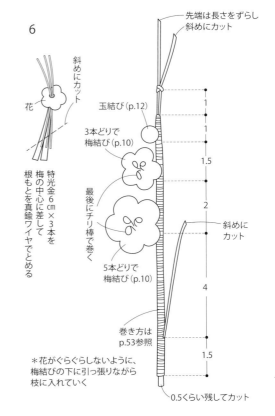

先端は長さをずらし斜めにカット

花 / 斜めにカット / 玉結び（p.12） / 3本どりで梅結び（p.10） / 最後にチリ棒で巻く / 5本どりで梅結び（p.10） / 斜めにカット / 巻き方はp.53参照 / 0.5くらい残してカット

特光金6cm×3本を梅の中心に差して根もとを真鍮ワイヤでとめる

＊花がぐらぐらしないように、梅結びの下に引っ張りながら枝に入れていく

1 / 1 / 1.5 / 2 / 4 / 1.5

7
体
絹巻水引 12本（30cm）
曙水引 12本（30cm）
をまとめて中央でワイヤどめ（#28地巻ワイヤ（茶）6cm）

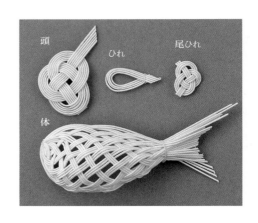

ワイヤ部分で二つ折りにし、
1組4本どりを12組み作り、編んでいく

↓

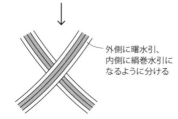

外側に曙水引、
内側に絹巻水引に
なるように分ける

体…十二本組み（P.87）で編んで
地巻ワイヤでとめ、
端は弓なりにカットする。
頭…6本であわじ結び（P.8）を編み、
ボンドでつける。
出ている端は体の編み目に通す。
ひれ…P.75を参照して4本で作り、
ボンドで体につける。
尾ひれ…3本であわじ結びをし、
ボンドでつける。

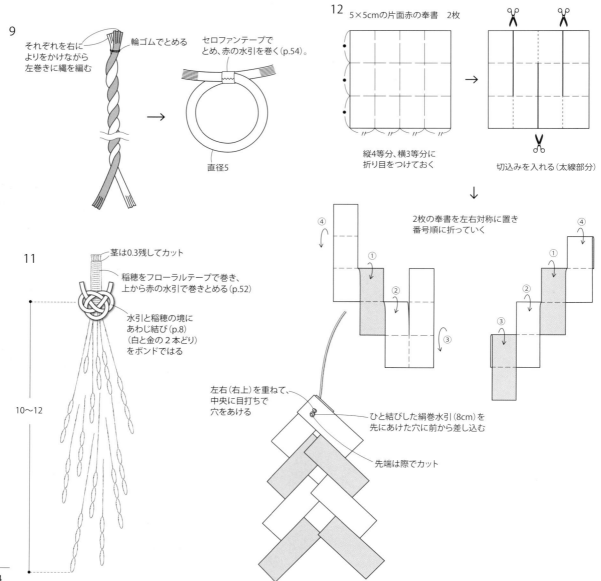

9
それぞれを右に
よりをかけながら
左巻きに縄を編む
輪ゴムでとめる
セロファンテープで
とめ、赤の水引を巻く（p.54）。
直径5

11
茎は0.3残してカット
稲穂をフローラルテープで巻き、
上から赤の水引で巻きとめる（p.52）
水引と稲穂の境に
あわじ結び（p.8）
（白と金の2本どり）
をボンドではる
10～12

12　5×5cmの片面赤の奉書　2枚
縦4等分、横3等分に
折り目をつけておく
切込みを入れる（太線部分）

2枚の奉書を左右対称に置き
番号順に折っていく

左右（右上）を重ねて、
中央に目打ちで
穴をあける
ひと結びした絹巻水引（8cm）を
先にあけた穴に前から差し込む
先端は際でカット

10

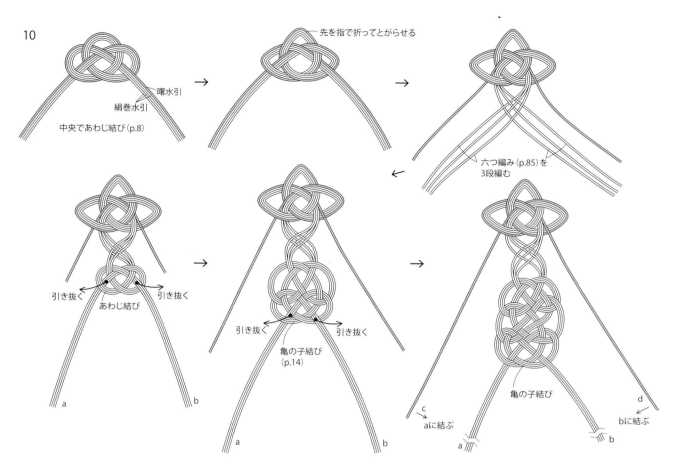

輪飾り WAKAZARI

DESIGN / P.30

輪の部分は100本の束をしっかりとよりをかけると、
ゆるまずきれいに仕上がります。

材料
色水引＝90cmの赤を100本、30cmの白を1本、90cmを3本
絹巻水引＝45cmの赤を3本、45cmの白を2本

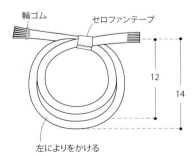

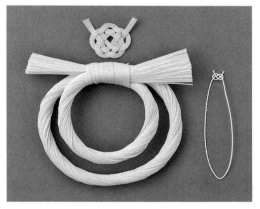

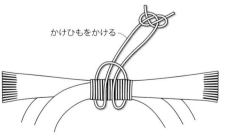

1　色水引100本の端を輪ゴムでとめ、左方向によりをかけて外径14cmの輪を作る。続けて外径12cmの輪を作り、交差した部分をセロファンテープでしっかりと巻く。色水引の白3本でセロファンテープを隠すように巻く（p.54）。

2　色水引の白1本の端で抱きあわじ結び（p.16）をする。輪飾りにかける。絹巻水引の赤と白を交互に5本並べ、平梅結び（p.61）をして飾りを作る。端はそろえてカットし、輪の中心にボンドではる。

屠蘇器飾り
TOSOKIKAZARI

DESIGN / P.30

飾りはたたんだ奉書の先と高さをそろえましょう。

材料
色水引（松葉用）＝10cmの松葉を7本、白を3本
特光水引＝30cmの金を2本、15cmを1本
絹巻水引（梅用）＝30cmの赤を4本
奉書＝15×15cmを1枚

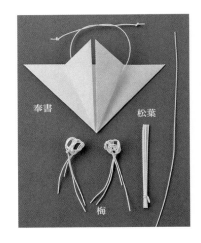

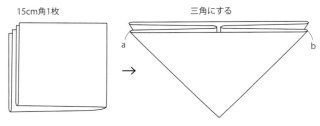

1 　奉書を外表にして四つ折りにする。開いて図のように折る。

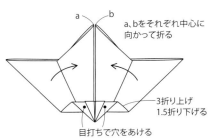

2 　下を3cm折り上げ、1.5cm折り下げる。・の位置に目打ちで穴をあける。

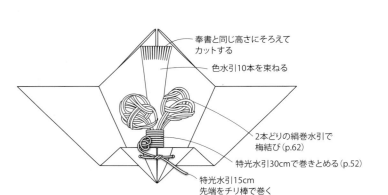

3 　折り返した間に梅の花と松飾りをはさみ込み、根もとに少しボンドをつける。15cmの特光水引を後ろから通して前でひと結びし、チリ棒で巻く。

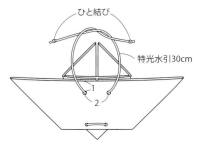

4 　後ろ側に目打ちで穴をあけ、特光水引30cmを通してひと結びする。

松葉の作り方

1 　7.5cmにカットした水引を10本用意する。26番の地巻ワイヤを二つ折りにし、先端を2〜3回ねじっておく。

2 　10本の水引をワイヤにはさむ。

3 　はさんだ水引の際を押さえ、両手でそれぞれ逆回転するように水引の部分をねじる。

根曳き松 NEBIKIMATSU

DESIGN / P.31

中央の枝に短い枝を添えて3本の長い水引で巻いていきます。
枝ができたら、中心に奉書を巻き、紅白の水引を結びます。
このように、枝に結ぶ場合に片輪結びが適しています。

材料

中央の枝…色水引＝白の90cmを2本、7.5cmを70本、地巻ワイヤ＝白の26番36cmを1本、
　　　　　20番20cmを2本、フローラルテープ＝白が15cm、5cm
左右の枝（2本分）…色水引＝白の90cmを2本、7.5cmを100本、
　　　　　地巻ワイヤ＝白の26番36cmを2本、24番36cmを2本、フローラルテープ＝白を5cm2枚
構成用…色水引＝白の90cmを3本、紅白の45cmを3本、
　　　　地巻ワイヤ30番＝白の36cmを10本、フローラルテープ＝白を10cm、
　　　　赤の奉書＝4×4cm

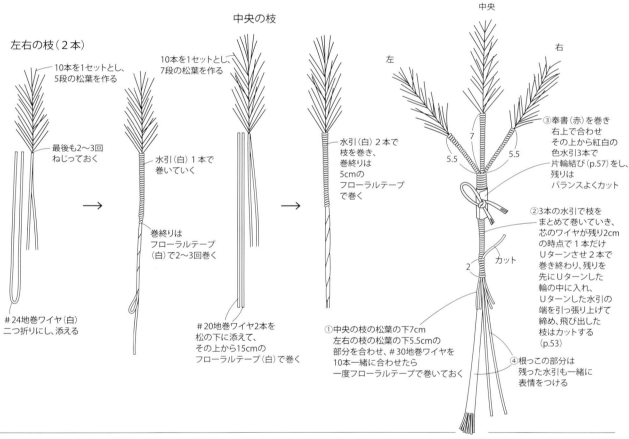

4

写真のように放射状になる。

5

葉を上に向けながらしごく。

6

同様に10本をワイヤにはさむ。

7

3のようにねじって放射状にする。
4、5を繰り返す。

十二支飾り ETOKAZARI

DESIGN / P.32-33

P.76の要領で水引バンドを作って、それぞれの干支を編みます。
材料は羽衣水引の白で、余裕を持った長さにしています。
干支によって位置を調整しながら編んでいきます。

子の材料　水引バンド6本＝a…30cm、b…15cm、c…25cm、d…20cm、e…20cm、f…10cm

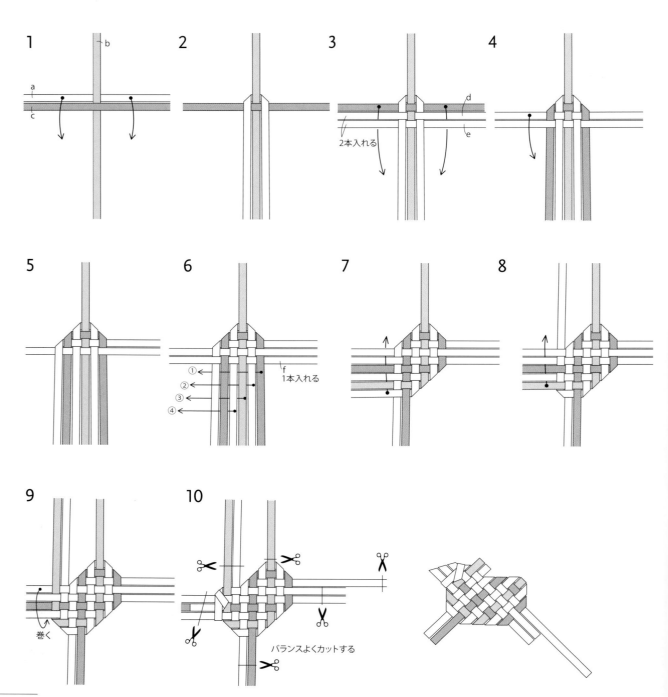

丑の材料　水引バンド5本＝a…30cm、b…20cm、c…30cm、d…20cm、e…25cm

＊子の1〜5まで共通

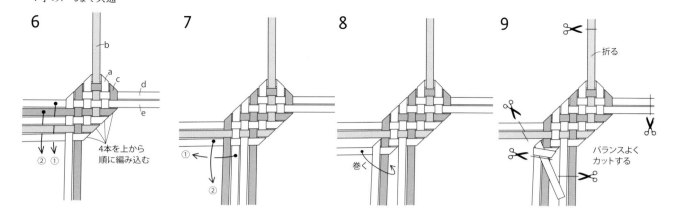

寅の材料　水引バンド5本＝a…30cm、b…20cm、c…25cm、d…20cm、e…20cm

＊子の1〜5まで、丑の6共通

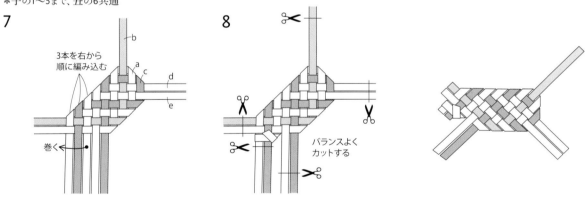

卯の材料　水引バンド5本＝a…35cm、b…25cm、c…25cm、d…15cm、e…20cm

＊子の1〜5まで、丑の6共通

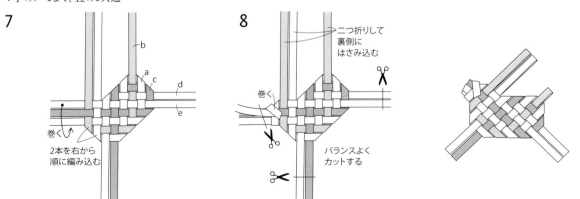

辰の材料　水引バンド4本＝a…20cm、b…25cm、c…25cm、d…25cm
＊子の1、2まで共通

巳の材料　水引バンド3本＝a…75cm、b…75cm、c…7cm

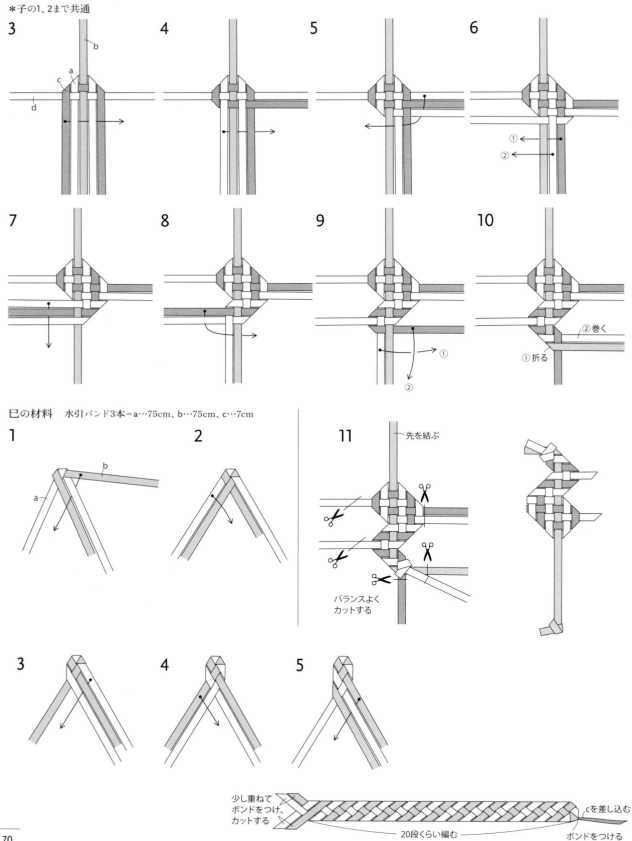

午の材料　水引バンド5本＝a…35cm、b…25cm、c…40cm、d…25cm、e…25cm
＊子の1～5まで共通

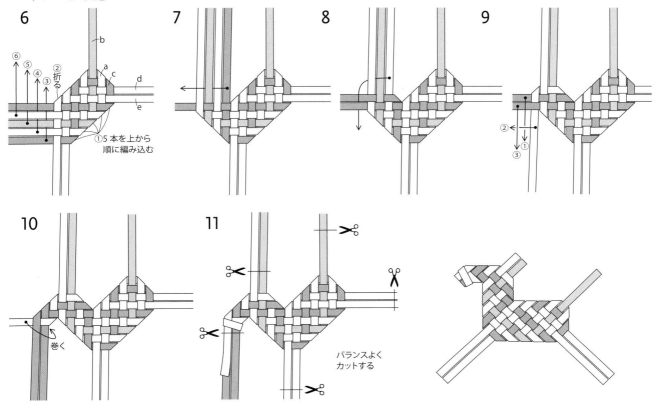

未の材料　水引バンド6本＝a…25cm、b…20cm、c…25cm、d…30cm、e…20cm、f…15cm
＊子の1～5まで共通

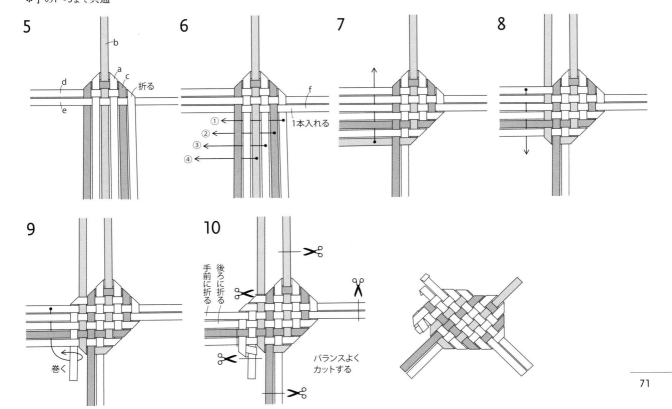

申の材料　水引バンド5本＝a…25cm、b…25cm、c…30cm、d…20cm、e…15cm
*子の1〜5まで共通

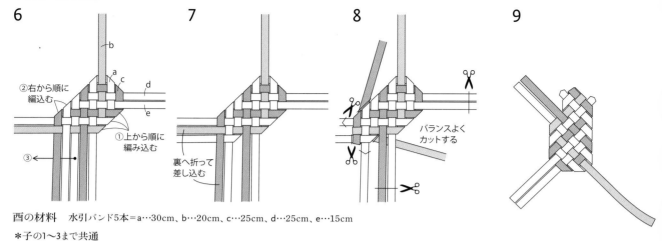

酉の材料　水引バンド5本＝a…30cm、b…20cm、c…25cm、d…25cm、e…15cm
*子の1〜3まで共通

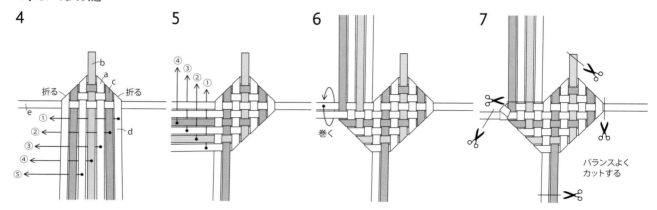

戌の材料　水引バンド5本＝a…40cm、b…20cm、c…25cm、d…20cm、e…20cm
*子の1〜5まで共通

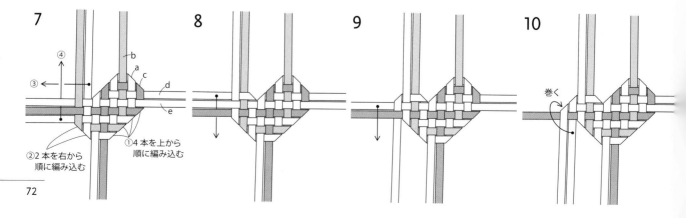

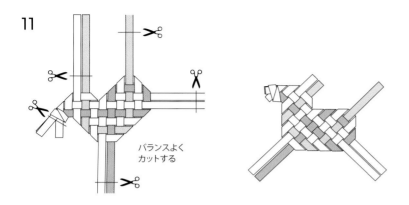

亥の材料　水引バンド6本＝a…25cm、b…30cm、c…30cm、d…30cm、e…20cm、f…20cm

＊子の1〜3まで共通

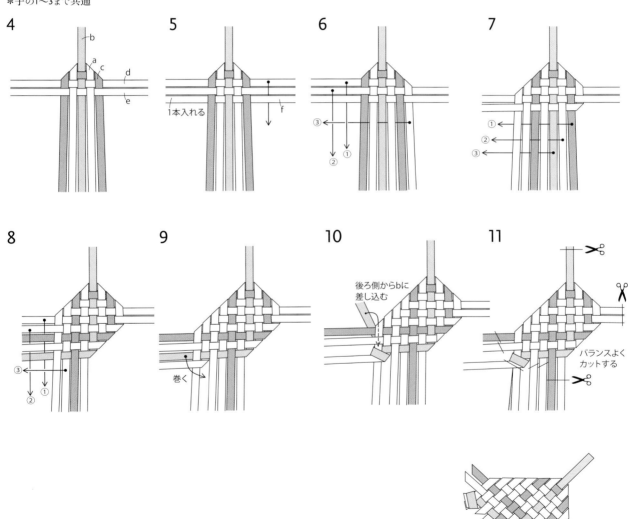

五節供 GOSEKKU

Design / P.34-35

桐箱を額に見立てて飾りをボンドでつけています。飾り終わったら、蓋をしてしまっておけるので便利です。きれいな空き箱を利用してもいいでしょう。

材料

桐箱＝内寸65×100×20mm（共通）
桃の節句…絹巻水引＝30cmの桜、薄紫を各3本
端午の節句…曙水引＝30cmの金地薄茶を2本、赤金を1本
　特光水引＝30cmの金を3本
　絹巻水引＝30cmの黒を3本
七草…絹巻水引＝30cmの草色を9本、20cmの白を3本
　地巻ワイヤ26番＝7cmの緑色を3本
　真鍮ワイヤ28番＝5cmを3本
　フローラルテープ＝5cmの白

七夕…絹巻水引＝10cmの若草を9本、
　4cmの赤、青、濃黄、白、紫を各5本
　真鍮ワイヤ28番＝5cmを4本
　両面テープ＝5mm幅20cm
重陽の節句…絹巻水引＝6cmの濃黄を30本、30cmの草色を4本
　真鍮ワイヤ28番＝40cmを1本、5cmを2本
　地巻ワイヤ22番＝7cmの緑
　フローラルテープ＝15cm1本、3cm2本のライトグリーン
　両面接着テープ＝5mm幅適宜

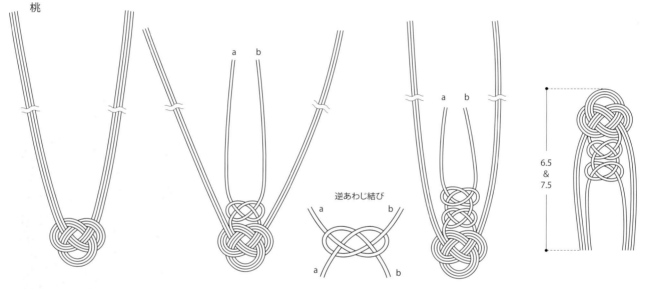

桃

1　水引3本でトップの部分を少し長めにしたあわじ結び（P.8）を編む。

2　内側の2本で逆あわじ結びを編み、続けて抱きあわじ結びを編む。

3　桜は6.5cm、薄紫は7.5cmの高さに切りそろえ、箱につける。

端午

《総角結び》

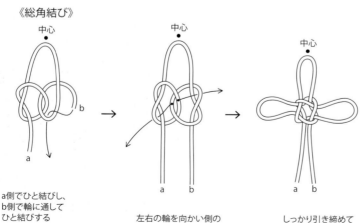

a側でひと結びし、b側で輪に通してひと結びする

左右の輪を向かい側の結び目に入れて左右に引く

しっかり引き締めて形を整える

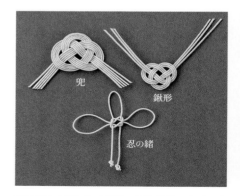

兜は黒の水引3本の両端に金地薄茶の水引を合わせて5本であわじ結び（P.8）を編み、端は切りそろえる。鍬形は特光水引であわじ結びを編み、端は切りそろえる。忍の緒は赤金1本で総角結びをし、両端はひと結びする。箱に忍の緒、兜、鍬形の順にボンドでつける。

七草

葉　草色30cm×3本（葉1枚につき）

かぶ

かぶは白の水引3本であわじ結び（P.8）を編み、外側の1本だけ中央を指でつまんでとがらせる。両端はあわじ結びのぎりぎりでカットし、全体に少し丸みを持たせる。

3本の中央に#26地巻ワイヤ（緑）1本をのの字にかけてペンチで押さえる

地巻ワイヤ

中心の地巻ワイヤを通るとき、右からきたものはワイヤの上、左からきたものはワイヤの下を通るという法則を保ちながら六つ編み（p.85）を編む。真鍮ワイヤ5cmで束ねる

フローラルテープ（白）で葉を3枚まとめて巻く。その上にかぶをボンドではる

七夕

若草10cm×3本

3.8

右上にして重ねて、#28真鍮ワイヤ5cmでとめて余分をカット

葉のラインの延長線上に合わせてカット

左→右→中央の順に重ねて、中央を真鍮ワイヤでとめ、余分なワイヤをカット

短冊は各色、5本で水引バンド（P.76）を作り、3.5cmにそろえてカットする。

重陽

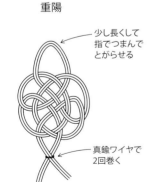

少し長くして指でつまんでとがらせる

真鍮ワイヤで2回巻く

花の作り方はp.55参照

地巻ワイヤ

フローラルテープ（ライトグリーン）で巻く

花は濃黄の水引30本を二つ折りにして、真鍮ワイヤで連続つなぎ（P.55）をし、地巻ワイヤ7cmを引っかけてまとめ、ワイヤを隠すように15cmのフローラルテープで巻く。葉は草色の水引2本で亀の子結び（P.14）を編む。中央は少し長くして、指でつまんでとがらせる。同じものを2枚作る。2枚の葉を3cmのフローラルテープで茎（地巻ワイヤ）に巻きつける。

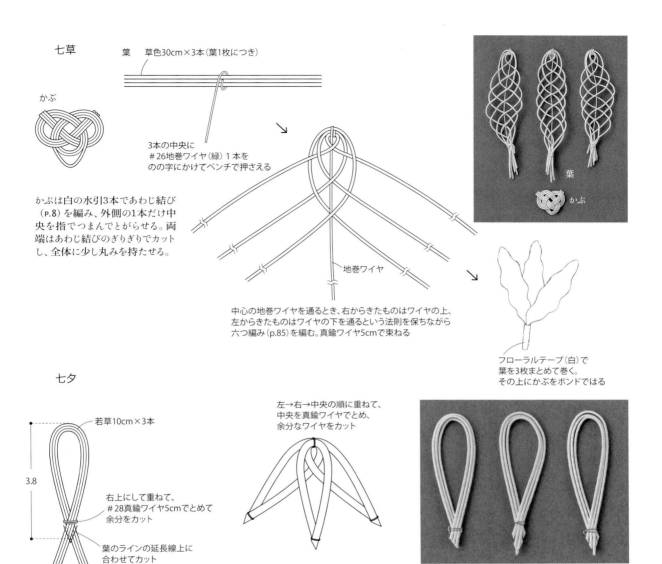

クリスマスオーナメント

CHRISTMAS ORNAMENT

DESIGN / P.36

それぞれの本数で各6本ずつ水引バンドを作ります。
最初に5本の水引バンドを重なる部分の上下が交互になるように、星形に交差させます。
五ツ目は必ず五角形と三角形で構成されるので、形をよく見ながら作るとおもしろいです。

材料

羽衣水引の白
1…5本づけ＝20cmを30本、2…4本づけ＝13cmを24本、3…8本づけ＝25cmを48本、4…4本づけ＝12cmを24本、
5…5本づけ＝18cmを30本、6…5本づけ＝15cmを30本、7…5本づけ＝15cmを30本、8…8本づけ＝25cmを48本、
5〜10mmの両面テープ
＊オーナメントは左から1〜8の順

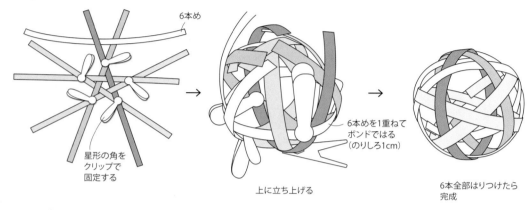

水引バンドの作り方

1

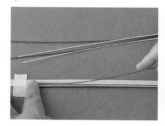

両面接着テープを必要な水引の長さより2cm程度長くカットし、テーブルの上に接着面を上にしてマスキングテープでとめ、テープの端から水引をすきまなくはっていく。

2

マスキングテープをはがして、上から平筆を使ってボンドを塗る（硬さはヨーグルトくらい）。水引と水引のすきまにもボンドが入り込むようにする。

3

完全に乾いたらテープと剝離紙をはがし、左右をそろえてカットする。長時間放置すると、テープがくっついて取れなくなるので注意する。

帯留め

OBIDOME

DESIGN / P.39

水引を交互に5本並べて、梅結び（P.10）を連続して編みます。
裏側は地巻ワイヤを2回巻いてとめ、1cm残してカットします。
帯留め金具にはるときに、梅の花に少し丸みを持たせましょう。

材料

上…絹巻水引＝60cmの白を2本、瑠璃色を3本
下…絹巻水引＝60cmの白を2本、金茶を3本
地巻ワイヤ28番＝6cmの白を各1本
帯留め金具
金属用接着剤

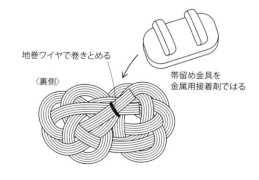

クリスマスリース

CHRISTMAS WREATH

Design / P.37

リースの大きさは左から直径8cm、7cm、10cm、6cm、7cmとなっています。
ひいらぎや松ぼっくりの飾りなどは好みでつけてください。

材料

1…みやこ水引＝6cmの黄緑を300本、2、4…パール水引＝6cmの白を300本、
3、5…特光水引＝6cmの松葉を150本、絹巻水引＝6cmの草色を150本
地巻ワイヤ＝（松葉用）26番36cmの緑または白を各3本、（リースの芯用）20番36cmの緑または白を各1本、26番36cmを各1本、
（葉の固定用）26番3cmの緑または白を各12本、
フローラルテープ＝グリーンまたは白の5cmを4本
＊リースは左から1、2、3、4、5の順

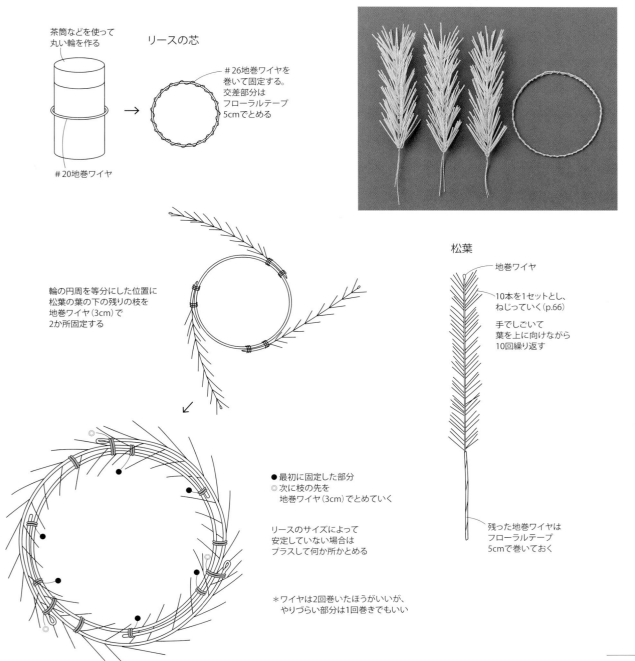

髪飾り KAMIKAZARI

Design / P.38

Uピンの髪飾りは水引1本で玉結び(P.12)をし、Uピンを通します。
コームの髪飾りは2本どりで梅結びの立体(P.62)を編みます。
その中に玉結びを差して花にします。葉は1本どりで亀の子結び(P.14)を編みます。

材料

Uピンの髪飾り(1色につき)
絹巻水引=30cmの金茶、青磁、グレー、薄紫を各1本
7.5cmのUピン　各1本

コームの髪飾り
左…絹巻水引=30cmの梅紫を6本、草色を1本
右…絹巻水引=30cmの灰桜を6本、青磁を1本
真鍮ワイヤ28番=4cmを各3本
地巻ワイヤ26番=12cmの茶色を各1本
フローラルテープ=15cmのブラックを各1本
コーム　各1個

Uピン

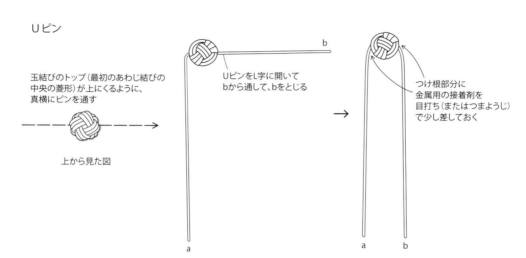

コーム

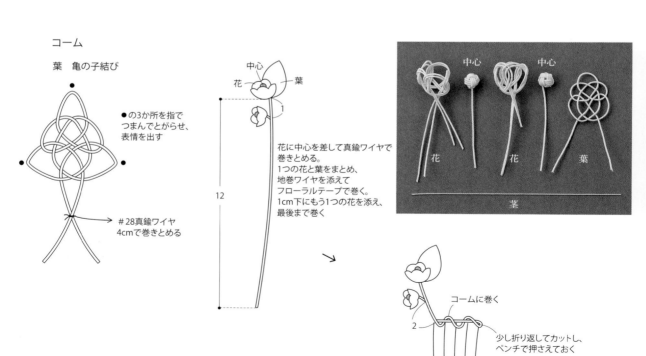

結び箸置き MUSUBIHASHIOKI

DESIGN / P.40

5本どりの三つ編みを作ってから3本にカットして、結んで作ります。
ふっくらさせたり、ひねりを加えたりと好みの形に仕上げましょう。

材料（3個分）

1…絹巻水引＝さんごを15本、2…絹巻水引＝白を9本、羽衣水引＝白を6本、
3…絹巻水引＝菜の花を9本、プラチナ水引＝ゴールドを6本、4…絹巻水引＝黄緑を9本、プラチナ水引＝ゴールドを6本、
5…絹巻水引＝さくらを9本、プラチナ水引＝ゴールドを6本　＊水引の長さはすべて90cm
地巻ワイヤ28番＝6cmを2本（すべて共通）
＊箸置きは上から1、2、3、4、5の順（瓶の中は含んでいません）

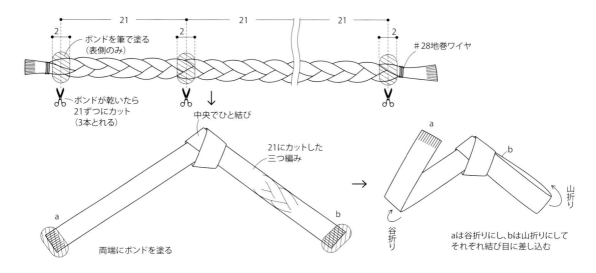

箸包み HASHIDUTSUMI

DESIGN / P.41

適度な位置に水引を回して、正面で両輪結び（蝶結び）（P.57）をし、両端をそろえてカットします。
箸包みをたくさん作る場合にはボール紙などで、6×16cmの型紙を用意すると便利です。

材料

絹巻水引＝45cmの濃黄、さんご、白、日和を各1本
厚手のトレーシングペーパー＝A4サイズのイエロー、ピンク、ホワイト、グリーンを1枚

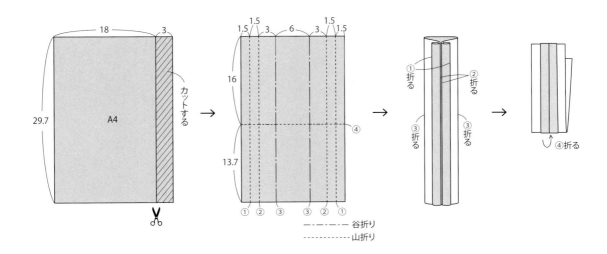

豆盆栽 MAME BONSAI

Design / P.42

つぼみはふた結びを連続して作ってからカットすると作業が楽にできます。
P.53の梅結びの箸置きを参照して、つぼみや花を添えながら巻いていきます。枝ぶりは好みの形に整えます。

材料
左…絹巻水引＝こげ茶の90cmを2本、白の30cmを4本、10cmを3本、菜の花の5cmを3本
中…こげ茶の90cmを2本、桜の30cmを4本、10cmを3本、菜の花の5cmを3本
右…茶色の90cmを2本、赤の30cmを4本、10cmを3本、菜の花の5cmを3本
（共通）
地巻ワイヤ22番＝茶色の10cm、6cmを各1本
真鍮ワイヤ28番＝5cmを各1本
フローラルテープ＝ブラウンを適宜
ドライモス（苔）＝ディープグリーン、ライトグリーン、グリーンを適宜
アーチスタフォルモ（粘土）＝ブラウンを適宜
器

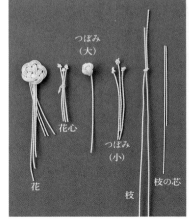

《ふた結び》

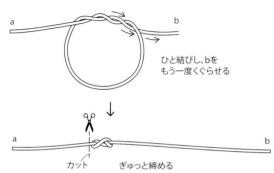

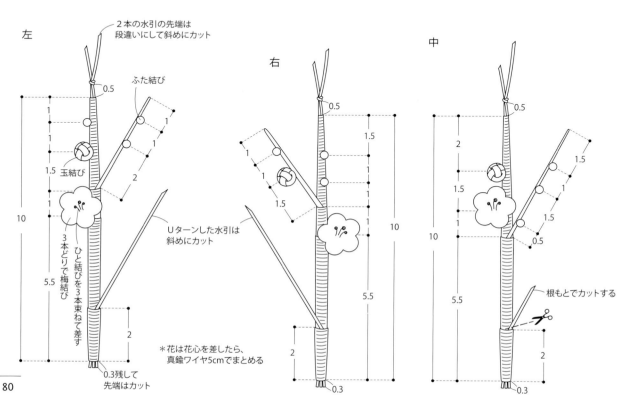

豆盆栽

DESIGN / P.43

松葉の作り方はp.66を参照して、5cmにカットした水引10本をワイヤにはさんで作ります。
枝は1本の水引で途中の枝や葉を入れながら巻き、フローラルテープでまとめます。
枝ぶりや葉は好みの形に整えます。

材料

左…曙水引＝茶金の90cmを1本、45cmを1本、みやこ水引＝黄緑の5cmを40本
右…絹巻水引＝こげ茶の90cmを1本、45cmを1本、色水引＝濃松葉の5cmを40本
（共通）
地巻ワイヤ26番＝茶色の18cmを各4本
地巻ワイヤ22番＝茶色の10cmを各1本
フローラルテープ＝ブラウンを適宜
ドライモス（苔）＝ディープグリーン、ライトグリーンを適宜
アーチスタフォルモ（粘土）＝ブラウンを適宜
器

松葉　主枝用地巻ワイヤ　枝

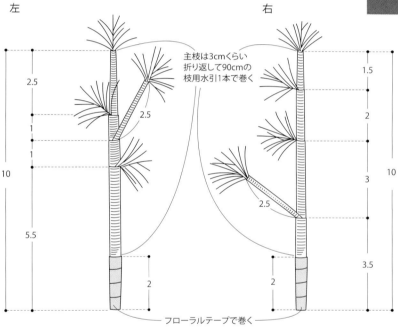

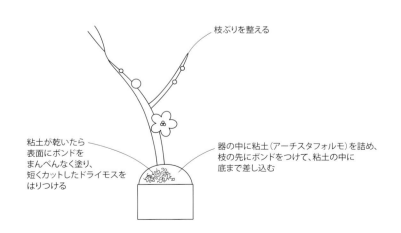

野の花 WILD FLOWER

DESIGN / p.44

ミズヒキの花は軽くひと結びした水引にもう1本を通して締めて作ります。
こうして連続して作り、カットしたほうが効率的です。葉は先端をつまんでとがらせます。
ネジバナはp.85を参照してねじり打ちを編みます。葉はp.76を参照して水引バンドを作ります。

材料

ミズヒキ
左…絹巻水引＝45cmの白、黄色を各1本、若草を8本、
　　地巻ワイヤ＝緑の22番25cmを1本、26番36cmを4本、
　　真鍮ワイヤ28番＝4cmを9本、フローラルテープ＝ライトグリーンを適宜
右…絹巻水引＝45cmの赤、白を各1本、草色を8本、
　　地巻ワイヤ＝緑の22番25cmを1本、26番36cmを4本、
　　真鍮ワイヤ28番＝4cmを9本、フローラルテープ＝ブラウンを適宜

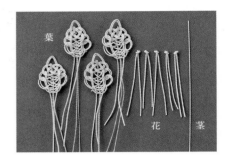

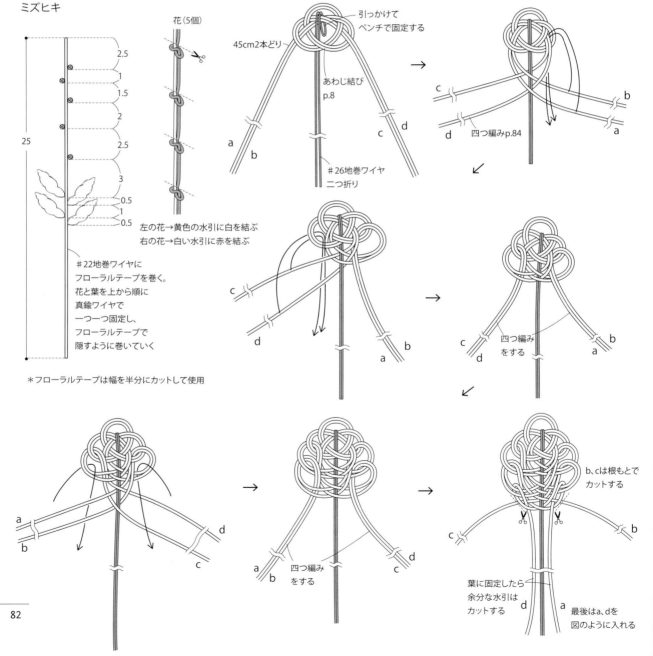

材料

ネジバナ

左…絹巻水引＝95cmのなでしこを1本、
　　45cmの草色を1本、
　　15cmの草色を12本（水引バンド用）、
　　地巻ワイヤ24番＝36cmの緑を1本、
　　地巻ワイヤ28番＝5cmの緑を1本、
　　両面テープ＝5mm幅適宜

右…絹巻水引＝95cmの白を1本、
　　45cmの草色を1本、
　　15cmの草色を12本（水引バンド用）、
　　地巻ワイヤ24番＝36cmの緑を1本、
　　地巻ワイヤ28番＝5cmの緑を1本、
　　両面テープ＝5mm幅適宜

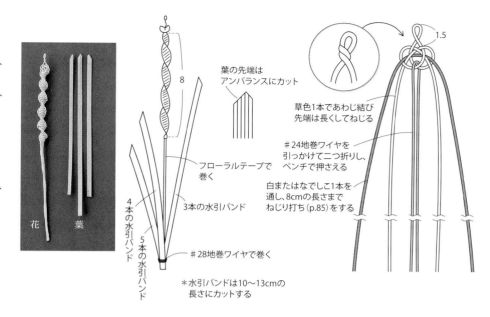

*水引バンドは10〜13cmの長さにカットする

ペーパーウェイト　PAPER WEIGHT

DESIGN / P.45

気に入った小石に水引をくるくると巻いた、オブジェにもなるペーパーウェイトです。
ランダムに巻いたり、四つ編み（P.84）で巻いたりと好みでアレンジしてください。
右から2つめは十字にしばった先をチリ棒（P.63）で巻いています。

材料

パテント水引＝90cmの白を適宜
石

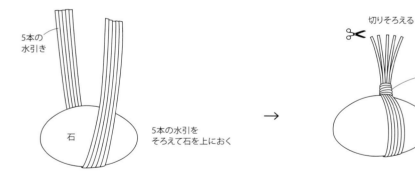

プッシュピン　PUSH PIN

DESIGN / P.48

切り余りが30cmあれば作れますので、
好みの色でたくさん作っておくと重宝します。

材料

絹巻水引＝30cmのこげ茶、黄色、水色、白、グレーなど各1本
2.5cmの虫ピン
金属用接着剤

好みの色で玉結び（P.12）を編み、余分な水引をカットする。虫ピンを玉結びの中心に通し、玉結びの根もとに金属用接着剤を少しつける。

ブレイディング BRAIDING

DESIGN / p.46-47

三つ編みから十二本組みまで、くぐらせていく法則がわかれば簡単に編むことができます。
また、平結び、ねじり打ち、鎖編みなどの変り編みも単純な繰り返しで編むことができます。
飾りに使用したり、ベルトにしたりとさまざまに活用してみましょう。

材料
すべて絹巻水引の白
三つ編み（3本どり）＝90cmを9本
四つ編み（2本どり）＝90cmを8本
五つ編み（2本どり）＝90cmを10本
六つ編み（2本どり）＝90cmを12本
七つ組み（2本どり）＝90cmを14本
九つ組み（2本どり）＝90cmを18本
平結び＝90cmを6本
ねじり打ち（S撚り）＝90cmを6本
鎖編み（3本どり）＝90cmを6本
十二本組み（3本どり）＝90cmを24本

ワイヤのとめ方

1

水引をそろえて、地巻ワイヤまたは真鍮ワイヤで2回巻く（1周めは力強く、2周めは添えるように）。

2

根もとを2～3回ねじり、5mmほど残してカットする。

3

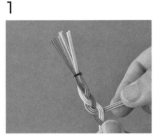

カットした端は裏側に倒してペンチでつぶす。

三つ編み

1

編み方は、通常の三つ編みと同じだが、水引どうしが重ならないように指の腹を使いスライドさせるように編んでいく。

四つ編み

1

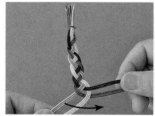

8本の水引をワイヤでとめ、4つに分けて編み始める。中央の2組みを交差し、左側の1組みを右に移動する。

2

1が重なったところ。次にいちばん右側の1組みを左隣の下をくぐり、内側に重ねる。

3

2が重なったところ。

4

同様に1、2の作業を繰り返して編んでいく。

五つ編み

1

10本の水引をワイヤでとめ、2本ずつ5組みに分ける。いちばん左側の1組みを2組みの上を通って内側に移動する。

2

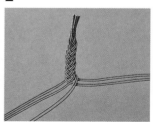

1と同様に、右端の1組みを、2組みの上を通って内側に移動する。1、2の繰り返しで編み続ける。動きは三つ編みと似ている。

ねじり打ち（S撚り）

1
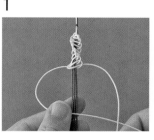

5本の水引をワイヤでとめ、中央の3本を芯にして外側の2本だけで編んでいく。左側の1本を芯の上に重ね、その上に右側の1本を重ねる。（P.47のねじり打ちの芯は4本）

2
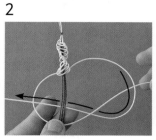

右側の1本を芯の下にくぐらせて写真のように結ぶ。

3
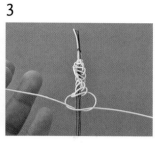

両側の水引を引いて締める。その際、芯の3本は平らなままにしておく。1〜3を繰り返して編んでいくと自然にS字のようにねじれていく。

鎖編み

1
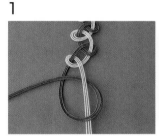

6本の水引をワイヤどめし、3本ずつ2組に分ける。右側の3本に左側の3本をからめてひと結びする。

2

1で編んだものの形を整え、今度は右側の3本で写真のようにひと結びする。また形を整え、1、2を繰り返しながら編んでいく。

六つ編み

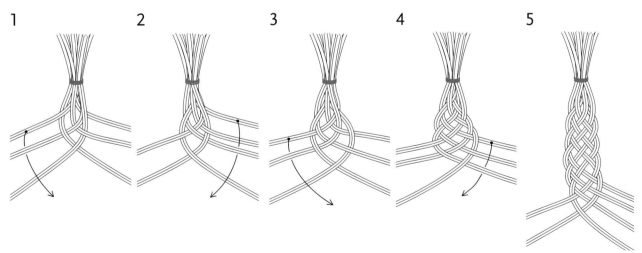

七つ組み（表編み）

九つ組み（裏編み）

平結び（百足打ち）

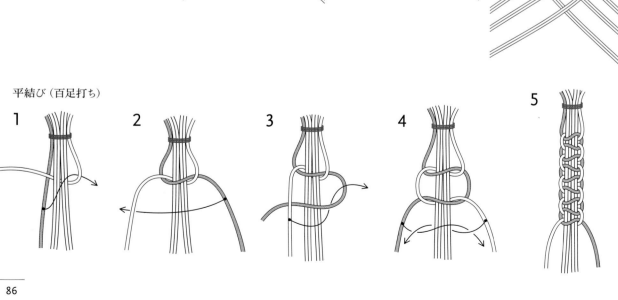

十二本組み

1　2　3　4　5

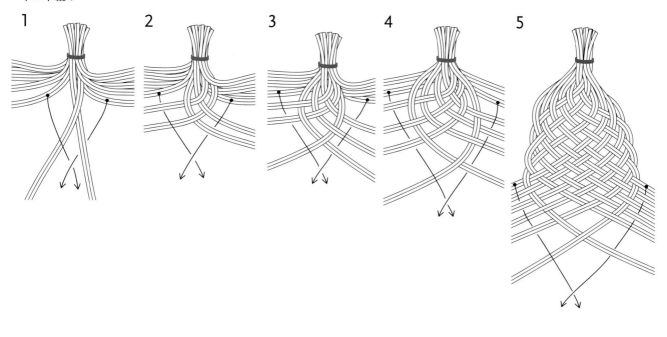

材料取扱店リスト（★印はオンラインショップあり）

しろつめ　★
http://shirotsume.com/
［水引、チリ棒、p.20、21のクラフト紙＆活版印刷カード、
p.23の満寿屋の原稿用紙、p.30、32の化粧箱、p.38のUピン］

銀座・伊東屋　★
東京都中央区銀座2-7-15
tel.03-3561-8311
http://www.ito-ya.co.jp/
［p.41のトレーシングペーパー］

小津和紙　★
東京都中央区日本橋本町3-6-2　小津本館ビル
tel.03-3662-1184
http://www.ozuwashi.net/
［p.18、19の祝儀袋の和紙すべて、p.28の和紙、p.30、31の和紙］

モーネ工房／seiken工作所
京都市上京区堀川通丸太町下ル下堀川町154-1
tel.075-821-3477
http://www.maane-moon.com/
［p.25の紙、p.42、43の器］

第一工芸（小箱市場）　★
新潟県燕市吉田法華堂728
tel.0256-93-3542
http://www.kobako-ichiba.com/
［p.34、35の桐箱］

はなどんやアソシエ　★
埼玉県和光市白子3-16-25
tel.0120-870-186
http://www.hanadonya.com/
［p.42、43のモス］

ペーパーパーク ジョイノーヴァ　★
石川県野々市市御経塚4-15
tel.076-249-1629
http://joynova.biz/
［p.26の箱、p.27の袋］

貴和製作所
東京都台東区浅草橋1-9-13
tel.03-3865-8521
http://www.kiwaseisakujo.jp/
［p.38のコーム、p.39の帯留め金具］

〈その他、水引素材が購入できるところ〉
丸めて販売している水引はくせがついてしまっているので
まっすぐなものを使用しましょう

水引工芸館　高山　★
長野県飯田市中村1146-1
tel.0265-25-8719
http://mizuhikikougei.shop-pro.jp/

シモジマ浅草橋五号館（電話注文OK）
東京都台東区浅草橋1-30-10
tel.03-3863-5501

あとがき

水引工芸を始めてから、数えきれないほどたくさんのかたたちにお世話になり、
多くのかたの晴れの日に関わる仕事をする機会にも恵まれ、今に至ります。
今後も伝統に新たな空気を取り入れつつ、
また年齢を経るごとに私自身に新しい考えが芽生えてくることを楽しみながら
作品を生み出していけたらと考えます。
最後にこの本の制作にあたりフォトグラファーの南雲さん、
ブックデザイナーの天野さん、スタイリストの澤入さんをはじめ、
いいチームで仕事ができ、長い期間まっすぐな気持ちで
最初から最後まで臨めたことに深く感謝いたします。

内野敏子 UCHINO TOSHIKO
水引工芸家

1963年、熊本生れ。
武蔵野美術短期大学卒業。
広告デザイン、建築設計の仕事を経たのち、1995年より水引工芸、2000年よりバスケタリーを始める。「普段の暮しに水引を」をテーマにオリジナル作品の制作販売、東京、京都、熊本で個展開催。
現在は企業や個人の依頼にて作品制作のほか、水引教室主宰（熊本市）、全国各地でワークショップを開催。
ホームページ　http://uchinotoshiko.web.fc2.com/

水引　基本の結びと暮しの雑貨

2015年11月2日　第1刷発行	ブックデザイン　天野美保子
2018年12月3日　第5刷発行	撮影　南雲保夫
著者　内野敏子	スタイリスト　澤入美佳
発行者　大沼淳	トレース　大楽里美（day studio）
発行所　学校法人文化学園 文化出版局	校閲　向井雅子
〒151-8524 東京都渋谷区代々木3-22-1	編集協力　黒川久美子
TEL.03-3299-2487（編集）　TEL.03-3299-2540（営業）	編集　平井典枝（文化出版局）
印刷・製本所　株式会社文化カラー印刷	SPECIAL THANKS　川口洋子、樋口直子、内野 隆

©Toshiko Uchino 2015　Printed in Japan
本書の写真、カット及び内容の無断転載を禁じます。

・本書のコピー、スキャン、デジタル化等の無断複製は
　著作権法上での例外を除き、禁じられています。
　本書を代行業者等の第三者に依頼してスキャンやデジタル化することは、
　たとえ個人や家庭内での利用でも著作権法違反になります。
・本書で紹介した作品の全部または一部を商品化、複製頒布、及びコンクールなどの
　応募作品として出品することは禁じられています。
・撮影状況や印刷により、作品の色は実物と多少異なることがあります。ご了承ください。

撮影協力
AWABEES　TEL.03-5786-1600
UTUWA　TEL.03-6447-0070

文化出版局のホームページ　http://books.bunka.ac.jp/